el arte de ser un desastre

el arte de ser un desastre

jennifer mccartney

traducción de silvia moreno parrado

 Planeta

Obra editada en colaboración con Editorial Planeta – España

Título original: *The Joy of Leaving Your Sh*t All Over the Place: The Art of Being Messy*

© 2016, Jennifer McCartney
Publicado originalmente en inglés por The Countryman Press, una división de W. W. Norton & Company
© 2019, Traducción: Silvia Moreno Parrado
Corrección de estilo a cargo de Rosa Iglesias Madrigal

© 2019, Editorial Planeta S.A. – Barcelona, España

Derechos reservados

© 2022, Editorial Planeta Mexicana, S.A. de C.V.
Bajo el sello editorial PLANETA M.R.
Avenida Presidente Masarik núm. 111,
Piso 2, Polanco V Sección, Miguel Hidalgo
C.P. 11560, Ciudad de México
www.planetadelibros.com.mx

Primera edición impresa en España: junio de 2019
ISBN: 978-84-9998-754-5

Primera edición en formato epub en México: marzo de 2022
ISBN: 978-607-07-7301-3

Primera edición impresa en México: marzo de 2022
ISBN: 978-607-07-7278-8

Impreso en los talleres de Litográfica Ingramex, S.A. de C.V.
Centeno núm. 162-1, colonia Granjas Esmeralda, Ciudad de México
Impreso en México –*Printed in Mexico*

índice

a todo esto, ¿cómo se dibuja una máquina de escribir?

nota de la autora

Este no es un libro sobre cómo ordenar. No se trata de cómo organizar tu vida ni de cómo alcanzar la felicidad. Tampoco es un libro de autoayuda. No te servirá para decidir el color de tu paracaídas ni para encontrar el poder del ahora. Es una parodia. De ahí que lo hayas encontrado en la sección de libros de humor.

Introducción

«Cuando te veas del lado de la mayoría, habrá
llegado el momento de que te pares a reflexionar.»

Mark Twain

El orden está de moda. El caos está desfasado.
Gracias, minimalismo. Gracias, deuda doméstica
sin precedentes. Gracias, método KonMari.[1]

Mi familia y mis amigos sucumbieron con gran entusiasmo al influjo del éxito de ventas de *La magia del orden*, del que ya se han vendido doce mil millones de ejemplares, y todos sin excepción fracasaron, una y otra vez. No es algo bonito de presenciar. Vaya, así que te arrepientes de haber tirado el bikini tejido de tu abuela o el cenicero en forma de pata de cordero que hizo tu hijo, ¿no? ¡Pues qué lástima me das! Ya los has perdido para siempre, gracias a esas extrañas ideas tuyas sobre el orden.

Rompe las cadenas del orden y triunfa sobre las aburridas fuerzas de la uniformidad y lo predecible. Todas las casas ordenadas parecen iguales (especialmente, cuando ya no queda nada en ellas), pero una casa desordenada ofrece una forma mejor de vivir. Mejor, más respetable y más fiel al sueño americano en muchísimos aspectos.

América del Norte es la tierra de las oportunidades y la tierra de la adquisición. Canadá, aún

---

(1) No pasa nada, creo, si esto no te suena (aunque es un poco raro que no hayas oído hablar del tema), pero, en pocas palabras, la cosa es: hablarles a tus calcetines.

13

más que Estados Unidos, gracias a los accesorios relacionados con la nieve. «Deshazte de tus cosas» es una sugerencia ridícula. Y también cobarde. Por supuesto, es más fácil revisar tus cajones e ir tirando todas tus porquerías al azar (perdón, «conservar selectivamente las que te producen felicidad») que enfrentarte a la semana de mierda que estés teniendo. Pero ¿no es mejor lidiar con tus problemas y no culpar a las porquerías, como si el motivo por el que no recibes más sexo oral tuviera algo que ver con la ingente colección de corbatas de tu marido? Limpiar es la solución fácil. No te dejes seducir por ella. (Pero, antes de lidiar con tus problemas, vamos a intentar solucionarlos rápidamente encendiendo la computadora y comprando dos o tres cosas más para que te sientas mejor.)

A todo el mundo le encanta comprar cosas, heredar cosas, coleccionar cosas y dejar cosas dichas por ahí. La ciencia ha demostrado incluso que tener muchas cosas te convierte en una persona más abierta a ideas nuevas, más creativa y (evidentemente) más inteligente. Un estudio publicado en *Psychological Science* «descubrió» que «los ambientes desordenados favorecen la ruptura con la tradición y la convención»: a la gente que estaba en habitaciones desordenadas se le ocurría casi el quíntuple de ideas muy creativas que a quienes estaban en habitaciones ordenadas, y también era más propensa a elegir sabores de *smoothies* considerados «nuevos» frente a los «clásicos».[2] Esto es cierto. No te obsesiones con el orden. Piensa en toda la fruta que podrías estar probando si pusieras solo un poquito más de desorganización en tu vida. O en el tiempo finito que vas a estar en este planeta antes de morir por culpa del virus del Zika, por unas espinacas sin lavar o, hablemos claro, por una probable enfermedad cardíaca.

A ver, ¿cuánto empeño tienes que ponerle a un hogar ordenado? ¿Te han lavado el cerebro para que creas que tener porquerías y no preocuparte de adónde van significa que te pasa algo malo? ¿Que tendrías que caer presa de la desesperación si ni tú ni tu casa van a salir nunca en una revista sobre decoración y estilo de vida? Aléjate de la ac-

smoothie

(2) Vohs, Kathleen D.; Redden Joseph P.; Rahinel Ryan. «Physical Order Produces Healthy Choices, Generosity, and Conventionality, Whereas Disorder Produces Creativity», *Psychological Science* 24, n.º 9 (2013).

titud KonMari; solo traerá vergüenza y culpa a tu casa cuando acabes fracasando.

Y he aquí la mamarrachada más grande de todas: que tener la casa ordenada puede mejorar de verdad tu vida emocional. ¿Problemas de ira? Demasiadas cosas. ¿Un matrimonio desgraciado? Demasiadas cosas. ¿No puedes dormir? ¡Cosas! ¿Problemas con la digestión? No es el gluten, son tus pinches cosas. Mira, ¿sabes quién era muy ordenado? Patrick Bateman, el asesino en serie de *American Psycho*. Y Mussolini también era un hombre muy ordenado. Le encantaba archivar papeles. ¿Ted Bundy? Más limpio que la chingada. Y, ahora, pregúntate: ¿con qué clase de gente quieres juntarte?

En este libro, voy a revelarte mi propio sistema para llevar una vida plena. Se llama método LIBRE. No significa nada. ¿Lémures Inocentes Bravíos Reposan Esperanzados? ¿La Ilusión Bárbara Regala Enseñanzas? Sí, claro. Pero la libertad es maravillosa y todos deberíamos luchar por ella; de lo contrario, seremos víctimas de la misma chaqueta mental que los del método FAP (Fervorosa Adicción a la Pulcritud).[3]

---

(3) *Fap* es también, y sobre todo, la onomatopeya en inglés de la masturbación en su versión masculina, que está traspasando (la onomatopeya) las fronteras del mundo anglosajón gracias a la magia de internet. *(N. de la t.)*

En este libro, te ayudaré a transformar tu vida para que no tengas que volver a vértelas con la limpieza. Te liberaré del ansia de ordenar con la misma fuerza con que los gorilas de Tony Harding le reventaron la rótula a Nancy Kerrigan (referencia a tiempos pasados).

Ha llegado el momento de desprogramarse de la FAP. Algunas pautas del KonMari deberían darte escalofríos (si eres una persona que tiene sangre en las venas y no es presa fácil de las sectas, en cualquier caso). Con este práctico diagrama, me dispongo a comparar y contrastar las creencias de los métodos FAP y LIBRE.

	FAP	LIBRE
Libros que te encanta leer	Los libros son basura. Arranca las páginas que te gusten y guárdalas en un archivador. Recicla el resto.	No seas imbécil.
Fuente de horno antigua que te recuerda a tu madre y a los guisos de atún de tu infancia	Deshazte de ella. ¿Quién necesita a mamá? Tu madre no es una fuente de horno. ¿Lo captas?	¿Todavía haces guisos de atún? Pues para eso necesitas una fuente especial, encantadora amita de casa del Medio Oeste salida de 1970.

	FAP	LIBRE
Todos tus calcetines	Solo necesitas unos cuantos pares de calcetines, que has de doblar cuidadosamente en rollitos. Si los doblas de cualquier otra forma, eres idiota y tus calcetines estarán tristes.	Los calcetines no tienen sentimientos.

No es solo que los FAPeros exijan a sus acólitos que tiren casi todas sus posesiones de este mundo y se queden solo con aquellas que los emocionen (o sea, con las que sientan la chispa de la felicidad): también se anima a los acólitos a que hablen con esos objetos. ¿Tienes tiempo para vaciar tu bolsa todos los días, doblarla, ponerla en un estante y darle las gracias por los servicios prestados?

A ver si nos vamos calmando todos de una maldita vez.

EXENCIÓN DE RESPONSABILIDAD: LOS LIBROS DE AUTOAYUDA SON UNA BASURA

Los libros no resuelven problemas. El alcohol puede ayudar y las drogas son, sin duda, una buena solución, pero ¿que de qué color es tu paracaídas? ¿En serio? ¿Puedes aprender a pensar como un hombre? ¿A ganar amigos e influir en la gente? ¿A aprovechar el poder del ahora? Sí, claro, como no. Hasta los libros de autoayuda consolidados, como la Biblia, el Corán y el Libro de Mormón (basado en el famoso espectáculo de Broadway), tienen sus limitaciones en cuanto a su capacidad de solucionar todos tus problemas, porque son pinches libros. **Los libros no te arreglan. Yo no prometo arreglarte. De hecho, mi objetivo es destruir todo deseo que puedas albergar de ayudarte a ti misma o a alguien que conoces; sobre todo, si ese deseo viene en forma de ser limpia y ordenada, algo que, las cosas como son, es casi siempre un deseo pasajero.**

De acuerdo, sí, a todo el mundo le gustan las soluciones rápidas, las varitas mágicas. A mí también. Pero sé, por mi experiencia, que las sectas no son la respuesta. Las orgías no son la respuesta. Ni ninguno de esos conceptos previos-a-las-religiones-establecidas-pero-aun-así-un-poco-religiosos que están reapareciendo. Astrología. Cristales. Cartas del tarot. Wicca. Bola 8 mágica. Yoga. Tiendas de accesorios para tener los armarios ordenados. No pasa nada por querer que alguien lleve un poco el timón del barco. Es normal querer respuestas a tonterías del tipo «¿por qué tiene el pito tan raro, será una ETS?» o «¿cuántas crónicas personales sobre mi bulimia tengo que escribir en *The Huffington Post* para conseguir un contrato con una editorial?» o «¿por qué me casaría yo?».[4] Entiendo por qué los libros de autoayuda tienen tanta aceptación y por qué hay gente que reza a L. Ron Hubbard[5] y por qué se emiten concursos de cocina y programas sobre casas treinta y seis veces al día. Hay una extraña satisfacción en ver cómo la

---

(4) De verdad, este fue el quinto resultado de la función de autocompletar de Google cuando escribí «por qué», cosa que me parece superdeprimente.
(5) Escritor estadounidense, fundador de la Cienciología. *(N. de la t.)*

gente la caga en la tele, pero al final siempre consigue arreglar la situación. Lo mismo que al ver a alguien preparar una maravillosa tarta de pétalos de rosa usando merengue y aliento de osito panda. No tiene nada de malo querer mejorar tu situación vital o cambiar cosas que no te hacen feliz, supongo. Pero cuidado con esos lemas y libros tan chingones que te prometen una magia que te cambiará la vida. La única magia verdadera que hay en el mundo es la de los unicornios y el subidón de los *poppers*.

Podría decirse que soy la neta

El desorden es fácil. A todo el mundo le sale de forma natural. Naces siendo un pinche desastre y mueres siendo un desastre, pero, en algún punto intermedio, alguien te lava el cerebro y te convence de la importancia del orden. A nadie le gusta la gente ordenada. La gente ordenada es aburrida. Básicamente, hasta escribir un libro sobre cómo ser un desastre es una tarea inútil, porque es lo más fácil de este dichoso mundo. Pero aquí estamos.

Voy a enseñarte a renunciar a esa devoción por el orden que parece sacada de una secta y con ello te cambiaré la vida. **Cuando eres una persona desordenada, todo lo demás que hay en tu vida sale bien.** La revista *Scientific American* aceptará tu artículo. Tus plantas dejarán de morirse. Tu botella de whisky no se acabará nunca. Los puntos de tu monedero electrónico del supermercado por fin te alcanzarán para un bote de salsa gratis y un champú bueno. Tu publicación de Facebook sobre la maternidad se hará viral.

¿Y cómo es que puedo prometerte todo esto? He pasado los últimos [oculto] años de mi vida siendo desordenada. Pregúntale a mi madre. O a mis compañeros de departamento de la universidad, que manifestaban hacia mí una constante actitud pasivo-agresiva con cosas como subrayar mi nombre en la lista de tareas domésticas y dejarme notas debajo de la puerta diciendo «¡LOS PLATOS!» para acabar lavando ellos los platos cuarenta segundos después porque eran unos obsesivos. Paso mucho tiempo desplazándome a casa de mis amigos y dejando botellas de cerveza mojadas encima de sus mesitas de madera. He derramado barniz de uñas sobre muchas superficies de una gran cantidad de ciudades. Tengo a la vista colecciones de piedras de la playa, alcancías, monigotes cabezones de políticos y hombres en un departamento donde ni siquiera cabe un refrigerador de tamaño normal. Guardo cómics y pequeños ponis en una caja debajo de la cama. Doscientos cincuenta pequeños ponis.[6] A pesar de los grandes esfuerzos de la sociedad porque me avergüence de todo esto, la verdad es que no me avergüenzo de nada. Soy una persona desordenada. Se me da muy bien. Y a ti también… pero no estoy contándote nada que no supieras ya. En estas páginas, te liberaré de esa

(6) Era hija única y, por lo tanto, una niña mimada, pero también estaba tan sola que jugaba con caballitos de plástico.

dosis diaria del FAPeo para que tú también puedas llevar una vida de desorden y glamur.

Pero no me hagas caso solo a mí.

Aquí van algunos testimonios de clientas satisfechas que no paran de mandarme mensajes de correo electrónico para decir cosas como estas:

- Por fin logré terminar *La broma infinita*.
- El *kale* me sabe menos amargo después de haber leído tu libro.
- Muchísimas gracias por enseñarme a que me importe todo un carajo.
- Acabo de gastarme doscientos dólares en Sephora.
- Mi videoinstalación ha ganado el premio Turner.
- No encuentro los zapatos.
- Desde que empecé tu programa, tengo los dientes mucho más blancos.
- Mi marido se acuesta con la niñera.

Y la lista sigue y sigue.

¡Mis clientas están encantadas! Ha llegado ya el momento de dar el primer paso en el camino hacia el caos. **Hazte la promesa de tranquilizarte de**

una maldita vez con la limpieza. Sin este paso, no podrás avanzar nada. Probablemente. No es una ciencia exacta.

1.

Pon en ceros tu vida
prometiendo no ordenar nunca

«Si un escritorio desordenado es señal
de una mente desordenada, ¿de qué es señal un
escritorio vacío?»

ALBERT EINSTEIN

Estar siempre pendiente del orden es una aburrida forma de vivir, y nadie quiere eso. De ahí que haya un centenar de libros sobre cómo hacerlo bien. Compras esos libros para sentirte bien, pero luego no sientes nada. No existe ningún libro sobre cómo ser un desastre, porque ¿sabes qué? No hay que hacer absolutamente nada para lograrlo y a todos se nos da de poca madre. Soy de la opinión de que hay que quedarse con aquello que se nos da bien. Pero es difícil en esta cultura de la limpieza, el minimalismo y el orden. En lugar de vivir tu vida, estás estresándote por tener tus cachivaches bajo control.

Eres incapaz de preparar una tarta de manzana de aspecto medio aceptable sin tener que pasarla por Photoshop antes de subirla a las redes sociales. Llevas el esmalte de uñas descascarado. En general, te limitas a arreglártelas como puedes. Para poder llevar a los niños a la escuela a su hora, te olvidas de secarte el pelo. Para poder recoger la ropa de la tintorería, te saltas el café antes de ir a la consulta con el médico. En el consultorio del médico, renuevas la receta de varios ansiolíticos distintos para ayudarte a mantener la ansiedad bajo control. Y el ciclo continúa.

No estamos para diagnosticar ni tratar problemas médicos reales, evidentemente. Esto es un libro, no una web sobre cuestiones de salud. Si necesitas medicina, tómatela, está claro. O recurre al vino. Pero la cuestión es que esa sensación de ansiedad y culpa de bajo nivel es una forma aburridísima de derrochar tu energía mental. Puedes librarte de ello. Y yo puedo enseñarte a hacerlo.

Solo necesitas una botella de alcohol. Abrir, verter, beber. Y hacer el siguiente ejercicio:

Observa bien tu sala. Repasa la lista mental que has ido elaborando con el paso de los años respecto a ese espacio. Piensa en todas las cosas que has querido hacer en esa habitación. ¿Le hace falta una mano de pintura? ¿Tiene suficiente mobiliario de los años cincuenta? ¿Tu hijo ha hecho caca en el rincón? ¿Hay un lienzo apoyado en la pared con un mensaje motivador que llevas tiempo pretendiendo colgar, pero no encuentras el martillo o la suela de tus zapatos no es lo bastante dura para servir de martillo? ¿Sobre la mesita hay un montón de artículos malísimos escritos por tus amigos profesores adjuntos de universidad que pretendes leer para poder ponerte frente a ellos la próxima vez que queden para cenar y decirles: «¡Qué estudio tan interesante sobre la feminidad en su relación con la cochinilla samoana!»? ¿La pantalla de la lámpara está llena de polvo?

Ahora, imagínate que todo eso te importara un carajo. En serio, ¿de verdad te importa un carajo? Si estuvieras conectada a un polígrafo o muy ciega y alguien te preguntara si te importa, ¿qué dirías? Yo me aventuro a creer que en realidad no te importa, pero crees que debería importarte. O que te importa lo que pensaría otra persona si viera el desorden. Si quieres que lo hagamos al estilo *new age*, imagínate que esto es una especie de viaje místico, cortesía de un poquito de ayahuasca y marihuana. ¿Preparada?

SÉ LIBRE

Imagínate que esta habitación es un precioso paisaje. Piensa que el montón de revistas sin leer es una colina; piensa que esas botas que guardas con la intención de venderlas por eBay pero que parecen imposibles de fotografiar sin que aparezcan unas manchas raras que en realidad no están ahí son, quizá, un par de árboles; piensa que el sofá, con su cobija, sus cojines tirados de cualquier modo y su bolsa de papas fritas a medio comer son una playa con su arena y sus toallas. Libérate de la preocupación, libérate de la culpa y la sensación de fracaso. Inhala ese desorden tan bueno, exhala ese orden tan aburrido. Déjalo salir lentamente de tu cuerpo en una respiración continua o, probablemente, en varias respiraciones, hasta que deje de importarte un carajo. Imagina aceptar esta habitación tal y como es. Imagina renunciar a tu responsabilidad sobre ella.

Es posible que hace cuatro meses ordenaras toda esta habitación y te aseguraras de que todos y cada uno de los objetos que quedaron en ella te hicieran feliz. Es posible que, hace cuatro meses, te pareciera que tu vida había mejorado porque llevaste varias bolsas de objetos inútiles a la tienda de beneficencia. Quizá te pareciera que estabas pasando página. Pues adivina. **Es probable que tu sala esté exactamente igual que antes de la limpieza a fondo, ¿no tengo razón? Acéptalo de una maldita vez.** Es tu estado natural, cariño. Eres desordenada de nacimiento.

Entre más compres, más desordenada puedes ser

Esto puede parecer contradictorio. «Pues resulta que he adoptado otro gato, así que tengo que esforzarme más para mantener el orden con los que ya tengo.» Nop. Entre más cosas tengas, más libre estarás de tus obligaciones para con la sociedad (véase el capítulo sobre el acaparamiento, que demuestra esta afirmación). Más habrás avanzado en la carrera por consumir tantos recursos como sea posible. El planeta te da las gracias.

Test
¿Te pasas con el orden?

1. Cuando llegas a casa después de un viaje largo, lo primero que haces es:

   a. Deshacer el equipaje, pasar los rollitos de ropa limpios de la maleta al clóset, lavarte las manos once veces y poner algo de jazz tranquilo mientras te preparas un té verde aromático.

   b. Ponerte un pants, pedir pizza y pasarte cuarenta horas viendo Netflix hasta las seis de la mañana. Comerte la pizza en platos desechables. Ser adulta es maravilloso.

   c. Ponerle comida al gato.

2. En el baño, el gel y el champú:

   a. Se secan después de cada uso y se guardan fuera de la vista, en el clóset.

   b. Se quedan en el borde de la tina, abiertos, mohosos y listos para la acción.

   c. No existen. No usas gel ni champú porque te estás tomando muy en serio el método *no poo*, en el que todo es natural y sin productos químicos y no es perjudicial para tus gatos.

3. Cuando abres el clóset, esto es lo que ves:

a. Tu ropa, rociada con agua bendita y organizada por categorías: las prendas oscuras y de abrigo, a la izquierda; las prendas claras para el buen tiempo, a la derecha. ¡Hay que ver lo buena amiga que es tu ropa!
b. Ropa limpia colgada de los ganchos y ropa sucia en el suelo. Los zapatos suelen estar debajo de la ropa sucia.
c. Tus gatos.

Respuestas:

Mayoría de A: Tienes ciertos problemas. Sigue leyendo este libro para aprender a relajarte.

Mayoría de B: Felicidades por tomártelo con tanta calma. En tu lecho de muerte, pensarás: «Valió la pena».

Mayoría de C: Es probable que te gusten los animales. Concretamente, los gatos.

Estas son las cinco últimas cosas que he comprado:

1. *Lone Patriot* («El patriota solitario»), de Jane Kramer, un libro sobre unos veteranos que pensaban que el Nuevo Orden Mundial estaba amenazando su modo de vida y decidieron derrocar el Gobierno estadounidense. Spoiler: el plan les salió mal.

2. Una lámpara de lectura, porque mi marido no me deja tener la del techo encendida hasta las cuatro de la mañana mientras termino mi libro sobre los veteranos.

3. Un purificador de aire, porque Nueva York, en general, está llena de moléculas de orina y efluvios de hipsters que es necesario filtrar.

4. Una funda nueva para la laptop. ¡Es gris y naranja!

5. Una vela de Diptyque. Soy una persona adulta y, si quiero comprarme una vela de sesenta dólares que viene de Francia, ¿a ti qué te importa? Huele bien y es bonita. Aunque no puedo encenderla: me costaría diez pesos la hora y ¿qué me quedaría al final? Un dolor de cabeza por culpa de una cera excesivamente perfu-

mada y un bote de cristal vacío en el que meter brochas de maquillaje o cerillos de madera.

¿Y sabes qué es lo mejor de todo? ¡Que no tengo espacio para poner nada de esto! ¿Te sirve de motivación? Eso pensaba. Ahora te toca a ti. Consulta el apartado de recursos de este libro, donde recomiendo unos cuantos lugares fantásticos en los que empezar a adquirir más cosas para las que no tienes espacio y que te ayudarán a mejorar tu caos.

No te deshagas nunca de nada

Aquí tienes una relación detallada de estrategias de desorden que puedes poner en práctica. Yo, cuando redacto textos de marketing o artículos para empresas de RR. PP., escribo cosas como «al implementar estas estrategias en todos los canales, la oportunidad de crecimiento es exponencial». Aquí solo diré que, si quieres ser una persona normal, te resultará útil aprender estrategias del tipo «ten siempre alcohol en casa» y «no le hables a la ropa». La clave está en tenerlo todo preparado para evitar arrepentimientos futuros. Una amiga mía donó varias prendas de ropa de su madre después de que esta muriera y veinte años después está dándose cabezazos contra la pared. ¿A quién no le encantaría tener ahora mismo un traje sastre de color verde? Y todo son cosas que puedes darles a tus propios hijos para que se las pongan en Halloween, se rían de la porquería de moda que había entonces y se meen en los valiosos recuerdos que conservas de tu madre, porque los niños son unos tontos.

¿Tienes dudas? Guárdalo. ¿No te hace feliz? Uy, qué pena. Seguramente, porque es un pinche suéter y no un cachito de lotería premiado. ¿Te parece lógico? Sigue leyendo.

Guarda todo el alcohol.
No se echa a perder nunca

Tener una cava bien surtida es práctico por varias razones:

1. Si alguna vez te entra el ansia por limpiar, puedes tomarte un caballito de vodka o una botella de vino y recordar/olvidar tus prioridades.

2. Cuando el novio de tu amiga, el mamón ese al que le regalaron en Navidad un libro sobre el whisky, te pregunte si tienes algún whisky japonés, puedes preguntarle de qué prefectura lo quiere.

3. Es lo esperable en los adultos normales.

A menos que seas mormona o alcohólica en rehabilitación o tengas problemas de hígado, siempre debes tener alcohol en casa. Una vez nos invitaron a casa de un conocido a tomar el *brunch*, nos ofrecieron té verde y ensalada y fue una maldita pesadilla. Obviamente, la ensalada no es comida para un *brunch*, pero en fin. No tener café es una jugada muy imbécil: segunda cagada. Pero, si invitas a alguien a tu casa, más te vale tener al menos una botella de vodka en el congelador o alguna cerveza *ale* tostada rara que haya sobrado de la última cena para ofrecerles a tus invitados, o conseguirás que te odien. Si todavía estás en la universidad o algo de eso, es aceptable tener a mano un paquete gigantesco de cerveza. Preferiblemente, en algún lugar en el que la gente tropiece con él.

Ten muchas bolsas vacías en casa

Las bolsas de plástico son estupendas para guardar cosas, así que siempre debes tener un montón a mano (vacías o no). Las de tela también son fantásticas. Puedes tener literalmente cuarenta bolsas de tela y jamás serán suficientes. Yo tengo bolsas de tela de la presa Hoover, de una agencia literaria turca y de las cataratas del Niágara. También las tengo con dibujos de sandías, gansos y demás. Si acudes a un evento, del tipo que sea, siempre te regalan una bolsa de tela. ¿Congreso médico? Bolsa de tela. ¿Boda? Bolsa de tela. ¿Refugiados sirios que llegan a Canadá? Bolsa de tela con una hoja de arce. Mi ortodoncista me regaló una bolsa de tela. Y una camiseta. Que metí en la bolsa de tela. Y las bolsas y cestas para la ropa sucia han de estar siempre llenas, por supuesto.

Guarda las reliquias en papel por los siglos de los siglos

Tuve una vez una jefa que abría su correspondencia, la rompía en pedacitos diminutos y la reciclaba como una loca. No importaba lo que fuera.

BASURA DE ANTES DE INTERNET

esto es una carta de amor

Recibos. Cartas de amor. Citaciones judiciales. Se imaginaba que, si de verdad era importante, el remitente la llamaría, le mandaría un correo electrónico o le enviaría otra carta. Esta estrategia tiene su lógica, por un lado, pero, por otro, es una forma terrorífica de vivir. El papel está hecho para recopilarlo y guardarlo por los siglos de los siglos. De ahí que yo siga conservando todos los dragones que me dibujaba mi novio de la prepa. Y la hoja de puntuación del minigolf de St. Ignace, donde iba con mi novio de Michigan en nuestro día libre del trabajo. En un sentido más amplio, aquí se incluyen fotografías viejas, como las tiras de fotos del kiosko de fotos de cuando vas al centro comercial, todas las tarjetas de visita que te hayan dado en almuerzos incómodos para hacer contactos, tarjetas para anunciar compromisos de boda, tarjetas de condolencia, correos electrónicos que imprimías cuando no estabas segura de cuánto iba a durar internet, etc. Cuando mis padres se mudaron de una casa a un departamento, en 2012, descubrimos en el despacho de mi padre todos los directorios telefónicos publicados desde 1995. Así es como se hace. Tú guárdalo todo y deja que tus hijos se encarguen cuando te hayas ido. Con suerte, no en un incendio atroz alimentado por todas tus reliquias en papel.

AMONTONA COSAS PARA HACERLES ESPACIO A MÁS CACHIVACHES

En su libro *Elogio del desorden*, Eric Abrahamson y David H. Freedman explican que «los montones tienen un sentido cronológico [...]. La gente sabe cuántos centímetros tiene que profundizar en un montón para remontarse a las semanas o meses que corresponda, y eso hace que sea mucho más fácil encontrar las cosas».

A mí no me hace falta ningún libro para saberlo. Los montones de cachivaches son pura ciencia, ya está. Cada vez que quieras ponerte tu suéter favorito, es como emprender una excavación arqueológica. ¿Te acuerdas de cuando querías dedicarte a la arqueología? A todos nos ha pasado. Por los dinosaurios. Así que, en resumen, al amontonar las cosas en pilas, estamos cumpliendo un sueño infantil.

No lo pienses demasiado.
Tus cosas no tienen sentimientos

¿una camiseta con sentimientos?
No

Tus calcetines no están tristes por estar metidos de cualquier manera en el cajón. Tu suéter no está triste por estar en el suelo. Tu bolsa no está triste porque no le hayas dado hoy las gracias por los servicios prestados. Si eso fuera así, tus zapatos estarían tristes porque siempre vas pisándolos al caminar y tus jeans estarían en plan «deja de sentarte encima de nosotros o al menos lávanos de vez en cuando, cerda». La gente normal tiene ya bastante por lo que sentirse culpable a lo largo del día (cambio climático, no preocuparse por el cambio climático, dejar los gatos en casa al irse a trabajar), así que

olvídate de esa tontería de que la ropa tiene sentimientos. Es desagradable y todos lo sabemos. Fin
de la historia.

Asegúrate de heredarlo todo

Solo puedes adquirir una cantidad concreta de cosas por voluntad propia. De ahí que heredar cosas
sea tan importante. Básicamente, es como ganar la
lotería de las cosas, algo que nunca resulta estresante ni agobiante. Pero has de tenerlo previsto
con antelación. Un amigo mío trabajaba en una
empresa que llevaba muchos asuntos de herencias.
Cuando moría un cliente, de pronto tenía que responder llamadas de familiares turbios que querían
saber cuánto habían heredado y si su hermana se
había quedado con la cabaña de esquí en Tahoe.
La cuestión es que aquellos codiciosos de mierda
no estaban jugando bien. Si quieres heredar cosas,
tienes que ganártelas y hacer un trabajo preparato-
rio con años de antelación. Ser la mejor hija, el
mejor hijo o el mejor hermano que el mundo haya
visto jamás. ¿No te gusta ayudar a cambiarle a tu
padre los pañales sucios ni llevar a tu tía en coche
a sus consultas en el hospital? ¿No te gusta leerle

en voz alta a tu abuela, un poco cegatona ya, la última novela de Nicholas Sparks, el de *El cuaderno de Noah*? Pues ya puedes despedirte de tu herencia. Y disfruta al contemplar esos candelabros de latón de tu abuela, que le habías dejado bien clarito que tú querías, adornando la repisa de la chimenea de tu hermana cada vez que vayas a su casa.

resentimiento de latón

candelabros
de la abuela

2.

El juego de la culpa por el desorden

«Alguna gente mira un estante abarrotado de tazas de café y no ve más que tazas. Pero la gente con un problema grave de desorganización puede ver cada una de ellas como un objeto único: un recuerdo de Yellowstone o un valioso regalo de la abuela.»

ASESOR DE ORGANIZACIÓN CERTIFICADO®[7]

(7) De «A Clutter Too Deep for Mere Bins and Shelves», *The New York Times*, 1 de enero de 2008.

¡Chíngaleeee! Al parecer, hay gente (gente que tiene un grave problema de desorganización) que de verdad cree que los objetos que posee tienen algún tipo de valor sentimental. A mí me gustaría conocer a todos esos sociópatas bien centrados a quienes les importa una mierda un preciado regalo de su abuela.

Hablemos claro: hay mucho alarmismo con respecto a las consecuencias negativas del desorden en nuestras vidas. Todos somos unos hiperconsumistas sin control y nos estamos convirtiendo en gente gorda y desgraciada. Eso es lo que nos dicen. Unos investigadores de la UCLA publicaron un estudio llamado «La vida en los hogares del siglo XXI» en el que se estuvo observando a treinta y dos familias de Los Ángeles y cómo interactuaban con su entorno material. Resultaba que, cada vez que las mujeres tenían que lidiar con sus pertenencias, sus niveles de estrés aumentaban. Piénsalo. Solo tocar las cosas que tienes te provoca estrés. El estudio dice que, a menos que pretendas hacer un Chris McCandless (quemar todas tus pertenencias, irte a Alaska y morir dentro de un autobús), lo tienes muy muy jodido. Esto está extraído textualmente de la conclusión del estudio.

He aquí más cosas reales que algunos artículos dicen sobre el desorden. Este tipo de delicadezas suele estar reservado a programas de la tele local sobre compañeros de fraternidad aficionados a los enemas de vodka.

- El desorden atrae a los gérmenes. (Matarás a tu familia con un virus zombi asociado al desorden porque no compraste un organizador de despensa.)
- En el artículo de *The New York Times* que se menciona más arriba, un médico afirma: «Si no encuentras tus tenis deportivos, no podrás salir a correr». (Vas a desarrollar problemas de salud porque eres idiota y ya no puedes ir corriendo a ningún lado debido a la falta de calzado.)
- Además, el desorden te impedirá echar unas retas de básquet con tu hijo, porque serás incapaz de encontrar el balón. (No te preocupes, tu hijo se enganchará a las metanfetaminas antes de que te des cuenta.)
- Tal vez necesites terapia cognitivo-conductual

para limpiar mejor. (Necesitas ayuda profesional porque la vida no es lo tuyo.)

- Vas a comprar el doble porque no encuentras nada. (Como si tener dos rodillos quitapelusas fuera a llevarte a la ruina.)
- Y, por último, el desorden engorda. (Al ordenar, te pones buenísimo.)

Muchos de estos artículos recomiendan, a continuación, un libro imprescindible sobre cómo librarse del desorden (véase el apartado anterior: «Los libros de autoayuda son una basura»). O un servicio profesional de organización doméstica. O un terapeuta. O un especialista en control de peso. He llegado a leer que una mujer, cuyo garaje era «un cubo macizo de porquería», lo limpió y perdió veintitrés kilos. Correcto. **Mira, poner orden en casa no te va a hacer perder peso.** Solo tendrás una casa ordenada durante un tiempo. Luego volverá a estar hecha un desastre. Y eso es así.

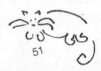

La conspiración de
los sistemas de almacenamiento

¿Sabes quién quiere que seas una persona ordenada? La gente de las tiendas que venden organizadores de clóset. Los jefazos de las empresas que hacen cajoneras. Los contadores de las fábricas de cajas de todo tipo. ¿Y por qué? Pues porque el orden es un gran negocio. El cártel de la limpieza quiere que te avergüences de tu desorden. Y, gracias al capitalismo, la única forma de que te deshagas de esa vergüenza es comprar cosas. ¿Quieres ser mejor persona? ¿Más organizada? ¡Adivina! ¡Compra todas las cosas! Pero esas cosas no son cosas de verdad. Son cosas para que organices tus cosas. Cajas de plástico. Cajas de mimbre. Cajas forradas de tela. Organizadores de cajones. Pero no puedes limitarte a comprar solo una de esas cosas. Tienes que comprar el sistema completo. ¿Te das cuenta de cómo funciona? Una sola cesta no basta para organizarte. Tienes que adquirir un sistema de almacenamiento (para tu recámara, tu despacho, tu despensa...).

He aquí varias cosas reales que puedes comprar en una tienda:

- Organizadores de cristal para guardar cosméticos.
- Contenedores de zapatos *premium* apilables.
- Cajas con tapa.

Cientos de dólares más tarde, la deuda de tu tarjeta de crédito habrá crecido y tú aún seguirás teniendo cacharros esparcidos por todas partes. ¿Y por qué? El desorden no se puede contener. Quiere ser LIBRE. Asúmelo. Ahórrate el dinero y vete de *road trip* a Nashville o a ver la moneda de cinco centavos más grande del mundo (está en Sudbury). Cómprate un boleto para ir a South Beach o a Edmonton. Cómprate algo que sea igual de inútil que un organizador de clóset, pero mucho más divertido. ¿Una faja para estilizar la cintura? ¿Una suscripción a un club de vinos? Aléjate de la locura del orden y contémplala tal y como es en realidad.

Voy a revelarte un secreto. Puedes poner tus

cosas en cualquier lado. No tienes que colocarlas en un contenedor autorizado por una gran empresa. De hecho, si has estado pendiente, ya te habrás dado cuenta de que no tienes que poner tus cosas en ningún lado. Pero si, por ejemplo, tienes que colocar un montón de cosas en un espacio delimitado, te recomiendo una cesta para la ropa. Estas preciosidades abiertas por arriba son duraderas, transpirables y fáciles de levantar. Podrás mover tus cachivaches de un lugar a otro con facilidad. O dejarlos ahí. Lo que quieras.

Usemos la lógica para averiguar
si necesitas un sistema de almacenamiento

1. ¿Te sobra el dinero?
2. ¿Has estado en Italia?

Si la respuesta a cualquiera de estas preguntas es «no», no necesitas un sistema de almacenamiento. Este es el motivo:

Si te sobra el dinero y no has estado en Italia, ve. Es maravillosa. Sí, Venecia es una ciudad cara y la costa Amalfitana es muy turística, pero es un país precioso, el vino es barato y ¿de verdad quieres morir sin haber subido a Instagram una rueda de queso italiano en Florencia? Además, conforme pasan los años, los vuelos se convierten en un problema. Estar tanto rato sentada es una chingadera. Ve ahora, mientras aún tengas tiempo y unas rodillas sanas.

Si no te sobra el dinero, pero has estado en Italia, felicidades por tu viaje, pero no puedes permitirte un sistema de almacenamiento. Esta es fácil.

Si te sobra el dinero y además ya has estado en Italia, enhorabuena por formar parte de ese selecto y reducido grupo de privilegiados. Seguramente también tengas empleada doméstica, así que ¿por qué estás leyendo esto?

BAÑO DE REALIDAD SOBRE EL DESORDEN: Si no tienes vida sexual, no es porque tu casa sea un desastre

Igual que tener un hijo no va a solucionar tus problemas de pareja, limpiar la casa no va a hacer que, de pronto, cojas mejor/con más frecuencia/más. Los libros que prometen tal cosa mienten. Si compraste este libro buscando consejos sobre sexo, tienes más problemas de los que yo puedo ayudarte a resolver. «O sea, ¿hace más de un año que no te acuestas con tu pareja? ¡Ordena el clóset y verás! Nada te dará más ganas de coger que tener todas las camisetas pulcramente dobladas en un cajón.» Un secretito: si quieres tener relaciones sexuales, ve a coger con alguien. Sobre un montón de ropa sucia, en un jacuzzi, en unos baños públicos, sobre un contenedor (o dentro del contenedor, ¿captas?), lo que sea. A los universitarios se les da muy bien eso: la gente de dieciocho años se acuesta literalmente con cualquiera en cualquier lugar. Si los adolescentes encuentran el tiempo y las energías suficientes para meterse mano debajo de la cobija

 56

sin hacer ruido mientras ven la tele en tu sala, tú también puedes encontrar tiempo para tener relaciones sexuales. Si no las tienes, el motivo no es que tu casa esté desordenada. De hecho, si no te acuestas con nadie, puede ser porque tu casa no está lo bastante desordenada.

He aquí un ejercicio de visualización que me gustaría que probaras: piensa en un amigo, un famoso o un político (las sucias mentes canadienses habrán ido directas a Trudeau) a quien te gustaría cogerte. Y ahora piensa si tu casa está limpia. Qué poco tiene que ver eso con coger, ¿verdad? Pues ahí está, mejora tu actitud y ve por lo tuyo. El alcohol ayuda. Algunos trucos más para mejorar tu vida sexual de mierda: ¿tienes actualizado el perfil de Tinder? El sexo (o, al menos, un montón de *nudes*) está ahí mismo, con solo deslizar el dedo por la pantalla. ¿Hay perros, gatos y niños en tu cama? Coge en el suelo. ¿Necesitas una lencería más sexi? Arráncale la entrepierna a un par de medias. ¿Tienes que depilarte? Pues depílate, carajo. (Aunque los pelos vuelven a estar de moda. Así que búscate a alguien a quien le guste un buen mechón y tíratelo.) Recuerda: los únicos libros que pueden ayudarte a satisfacer tu deseo sexual son los de V. C. Andrews. Y solo si conservan todas las páginas.

3.

Ve dejando tu porquería por toda la casa

«Una casa no es más que un montón de cosas
con una tapa encima [...]. Eso es tu casa,
un lugar en el que guardar tus cosas mientras
sales a comprar más cosas.»

GEORGE CARLIN

Si has llegado a la conclusión de que no pasa nada si tu clóset es un desastre, pero te espanta ver el escritorio hecho un caos, estás fallando cabrón en lo de ser una persona desordenada. Tienes que asumir un planteamiento holístico respecto a lo de dejar tus porquerías por todas partes. Debes hacerlo tuyo. Y luego comprar más cosas y hacerlas tuyas también.

LA OFICINA EN CASA:
Entre más desordenado esté el escritorio, más creativa es la mente

↑ escritorio desordenado ↗

Si eres como yo, tu escritorio es tu refugio. Ahí es donde haces las cosas o donde evitas hacer las cosas. Hoy en día, según el trabajo que tengas, tu escritorio consistirá, probablemente, en una laptop y, quizá, un portavasos para la taza de café. Tal vez necesites un cuaderno y unas cuantas plumas. A lo mejor, también el celular. Y una lamparita de diseño con una pantalla bonita para poder ver lo que estás haciendo. Es posible que necesites una o dos plantas de interior alegres o unas suculentas para inspirarte. Unos cuantos libros que consultar. Varios recibos viejos que pretendes pagar por internet. Un globo de nieve gracioso de Las Vegas. Los últimos números de *London Review of Books* y de *Us Weekly* que tienes intención de leer.[8] ¿Verdad que Andrew O'Hagan, el editor de *London Review of Books*, y la serie *Vanderpump Rules* son increíbles? Quizá, unas cuantas cajas y cestas de la sección de organización de tu tienda de almacenamiento local, llenas de papeles, fotos, cables, una engrapadora morada, varias pilas. Una taza de café de ayer.

(8) En cierta ocasión, conocí, en un bar de Manhattan, al que entonces era editor de *Us Weekly*. Lo atosigué con preguntas sobre su opinión respecto a la autenticidad de la panza de embarazada de Beyoncé. No llegamos a ninguna conclusión definitiva, pero está claro que no era auténtica.

Correcto. Tu escritorio es un pinche desastre. ¿Sabes quién tenía el escritorio desordenado? Einstein. Tenía hasta un bote de galletas. ¿Sabes quién tenía el escritorio ordenado? Mussolini. Pero Einstein no era un simple caso aislado: los beneficios de tener el escritorio desordenado están respaldados por la investigación científica.

En realidad, un escritorio desordenado favorece la creatividad, según todos los científicos con los que fuiste a la escuela y que ahora ganan más dinero que tú. Unos investigadores de la Universidad de Minnesota (véase p. 15) y Northwestern llegaron a conclusiones parecidas: los sujetos del estudio a los que se metió en una habitación ordenada mostraban una forma de pensar más convencional con respecto a los usos creativos de las pelotas de pimpón. (Sí, el juego ese de encestarlas en vasos llenos de cerveza.) ¿Y qué pasó con los de la habitación desordenada? Pues se les ocurrieron unos usos más locos para las pelotas de pimpón (sobre todo, si habían ido a un espectáculo erótico en Ámsterdam).

Estar en un ambiente desordenado hace que seas mucho más interesante. Hace que tu cerebro trabaje y cree conexiones raras. Hace que tengas menos probabilidades de conformarte con las ideas convencionales. Un ejemplo: mi peluquero y yo estábamos hablando de una tormenta que se avecinaba y él de pronto dijo algo así como «la verdad es que da qué pensar». ¿Pensar qué?, le pregunté. «En quién controla el clima», respondió. Cree que el Gobierno controla el clima. Aunque era de Florida, así que a lo mejor no es solo culpa suya. Pero estoy segura de que su escritorio está hecho un pinche caos.

cerebro
supercreativo

Y ¿sabes qué? Todos esos libros que te dicen que tienes que ordenar para apaciguar tu mente están convirtiéndote, en realidad, en una persona más aburrida. La limpieza te anima a llevar una vida tediosa. Una vida predecible. Una vida con paredes, suelos y techos de color beige que te tiene aprisionada en su cubículo de aburrimiento mientras avanzas lentamente hacia la mediocridad y la muerte. Pero es bastante fácil escapar. Y, si tu escritorio ya está desordenado, ¡felicidades! Es probable que estés a solo un paso de escribir el próximo Manifiesto SCUM o de inventar una aplicación que cure la soledad.

Súmate a la revolución de los escritorios desordenados y empieza a pensar en cosas locas. Ponle una GoPro a tu tienda de campaña. Hazte una taza de esa infusión con flores que te trajiste de Bután («el primer país del mundo en prohibir las bolsas de plástico», le dirás a quien quiera escucharte). Graba las iniciales de tu amante en tu escritorio o tatúatelas en el antebrazo. Añade tu nombre a la lista de gente extraordinaria que aporta algo a la sociedad y cuyos escritorios están (o estaban) hechos un pinche desastre y no pertenecen a la secta de tener las cosas limpias: Anne Sexton, Charlotte Perkins Gilman, Mark Zuckerberg, Steve Jobs. Carajo, Sylvia

Plath se sentaba al aire libre con la máquina de escribir, según una foto que vi en internet. Olvídate por completo del escritorio, búscate un campo lleno de hormigas donde sea y déjate inspirar.

EL BAÑO: El agua potable es un privilegio. No la cagues

Da un paseo hasta el baño. Ya sea una mierda de baño rentado en Astoria o un bonito baño de estilo cabaña en Muskoka, te apuesto lo que sea a que es un desastre. El espejo tiene salpicaduras. La toalla de manos está manchada de rímel. Y puede que tu crema hidratante de factor de protección solar 50 siga aún en la repisa desde esta mañana. Junto con tus calzones de anoche. Y tus zapatos. A lo mejor hay cuatro o cinco ligas del pelo esparcidas por ahí, una cosa muy útil. Seguramente también haya una o dos cestas de almacenamiento de mimbre, llenas a rebosar de productos varios que te hacen estar radiante. A ver, no podría ser de otra manera. Sobre todo, después de que los productos de belleza coreanos invadieran el mercado y te volvieras loca, igual que todas las demás, por las mascarillas, las esencias, los sérums y la baba de caracol. El Club de los Limpios sugiere guardarlo todo después de usarlo. Si yo hiciera eso, sería incapaz de encontrar nada y tendría que comprar más menjurjes, cosa que no estaría tan mal. Es probable que todo sea la misma crema, hecha en la misma fábrica de China y envasada en distintos botes, pero quiénes somos nosotras para juzgar. En cualquier caso, deja fuera todos tus productos para poder verlos. Si eres una de esas personas que solo usan cacao labial, vaselina y jabón para su rutina de belleza, bien por ti: pero te apuesto lo que sea a que tu baño sigue siendo un desastre.

Además, ¿a quién chingados le importa lo ordenado que tengas el baño? Solo va a verlo la gente que te caiga bien o a la que te estés cogiendo. (O a lo mejor el fontanero, alguna vez.) Tienes que dar las gracias por tener un pinche baño. Hace un siglo, estarías haciendo caca fuera y preocupándote por barrer el suelo de la letrina, probablemente.

Más de dos mil seiscientos millones de personas no tienen agua potable (entre las que se cuentan más de un millón y medio de estadounidenses). Es una cosa maravillosa, da igual que haya desorden o que la decoración no sea exactamente de tu gusto. Mi padre se crio en Inglaterra después de la guerra y estuvo varios años lavándose en una tina vieja de cobre que había en la sala, como una especie de victoriano adorable. Y eso fue hace solo una generación. Así que ahórrame los llantos por todos los baños que tienes guardados en tu Pinterest y que jamás podrás permitirte. ¿Quieres bancos de cedro y superficies de mármol? ¿Grifos de cobre? ¿Regadera de lluvia? ¿Toallas blanquísimas de spa? ¿Suelo radiante? ¿Limpieza nivel hotel? Seguramente, también querías regentar un *bed and breakfast* en Goa después de ese viaje que hiciste a la India hace diez años y que te cambió la vida, y además te gustaría tener el vientre plano.

Obsérvate un momento, malagradecida. Piensa en lo maravilloso que es que tu caca se vaya rápidamente de tu casa con solo oprimir un botón. Reconoce que está muy bien no tener que sacar tu caca en una cubeta. Y ahora, cuando te hayas dado cuenta de lo bien que estás, hurga en una de esas cestas de almacenamiento de mimbre, saca una mascarilla (las de baba de caracol son las mejores) y embadúrnatela en la cara. No olvides hacerte un *selfie*, porque esas cosas causan una pinche repugnancia.

LA COCINA: Tienes que comer para vivir y eso genera desorden

todo sin fregar

Yo en realidad no uso la cocina, ya que tengo cuarenta y siete restaurantes a una cuadra de distancia y un montón de dinero para gastar en comer fuera, porque los escritores somos gente rica. Uso el horno para guardar cosas. Está abarrotado de tazas de recuerdo de cafeterías. Mi refri es el refri de un bar. O lo que los europeos llaman refrigerador, porque ahí todo es tres veces más pequeño que en Estados Unidos. Está llena de refrescos para mezclar con mi whisky canadiense, mi vodka y mi ron. Sé, por las redes sociales y Pinterest, que muchas de ustedes tienen unas cocinas preciosas. Las usan para guardar y preparar comida. También me he enterado, por haber hecho clic sin querer en blogs de cocina mientras buscaba porno («Betty suda en la cocina» es un nombre que lleva a confusión, ¿no?), de que cocinar puede ser una chinga. ¿Por qué molestarse en intentar limpiar esa porquería? Seguramente sabes preparar cinco o seis cosas como máximo, así que vas a usar los mismos ingredientes una y otra vez. ¿De qué sirve limpiar un desastre si vas a armar otro desastre igual dentro de unas horas?

Por ejemplo, para hacer una «tarta desnuda» se necesitan harina, azúcar, levadura, mezcla para tartas, láminas de chocolate, salmón, flores recién cortadas y un montón de boles, batidoras y cucharas, probablemente. Te la zampas después de comer y luego es la hora del café y el azúcar ya está fuera. Sí, ser un desastre implica ser más eficiente.

cosa en tu refrigerador

¿un tomate pasado?

La cantidad también es fundamental en toda cocina. Entre más utensilios e ingredientes, mejor. Sin lugar a dudas, debes tener todos los aparatos que puedas: máquinas de hacer donas, freidoras, rebanadores de verduras, molinillos de café, congeladores, ollas de cocción lenta, afiladores de cuchillos, abrelatas eléctricos. Cuando hayas terminado de cocinar, dile a tu cocina: «Gracias por los servicios prestados». O, mejor aún, dile a tu cocina que haga el maldito favor de tranquilizarse y luego tira los platos sucios por la ventana. Yo tenía una amiga que hacía eso en la universidad. Sale mejor si hay mucha nieve. Y si no hay personas, claro. Luego, cuando llegue la primavera y la nieve se derrita, tendrás un jardín lleno de sartenes y platos que será, básicamente, una escultura de Picasso, de su periodo surrealista (gracias, MoMA), o una instalación artística en el patio delantero de un *hippie* de Nuevo México.

LA DESPENSA: Compra ahora, come después

Acumula todo

todas las latas

Necesitas más latas de sopa. El Armagedón aún no ha llegado, pero no va a tardar. El dólar podría desplomarse. Los bancos podrían no ser lo bastante grandes y hundirse. El terremoto que llaman el Grande podría sacudir California. Internet podría caerse unas cuantas horas. Compra de todo al mayoreo y prepárate. De verdad, es recomendable acaparar comida (ya no es solo cosa de veteranos desquiciados). Entre más comida, mejor. Quién sabe cuánto podría durar la radiación. ¿No tienes despensa? Usa el garaje o el cuarto de invitados. No hay nada más divertido, en una cena entre amigos, que hacerles a tus invitados un recorrido por tus cuarenta cajas de sopa de lentejas ecológica y de crema hidratante Clinique tamaño ahorro. Nota al margen: cuando llegue el Armagedón, dile adiós a tu dieta vegana o sin gluten. Vas a comer una mierda que le hará más daño a tu estómago que unas cuantas moléculas de trigo.

LA RECÁMARA: Un desastre que es una pinche maravilla

Mi abuela almidonaba y planchaba la ropa de cama. También crio a cuatro niños y trabajaba en

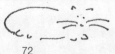

la oficina de correos. No digo esto para que te avergüences de tener el cuarto hecho una mierda, sino para demostrar lo lejos que hemos llegado como sociedad. Mi abuela lo hacía porque vivía en un pueblo de cuatrocientos habitantes en los años cuarenta y, si no hubiera hecho esas cosas, se habría corrido la voz y las demás señoras del pueblo habrían empezado a verla con malos ojos. O a lo mejor habrían dicho algo del estilo «¡qué buena idea!» y el patriarcado habría caído hace años. Pero aquí estamos, y las únicas sábanas almidonadas que vas a ver en tu vida son las de los hoteles. Y así es como debe ser. ¿Sabes por qué? A la gente que trabaja en los hoteles le pagan (espero) un sueldo por almidonar esas sábanas. Tú y yo, amiga mía, tenemos otras cosas que hacer. Nuestros cuartos son para dormir, echar la siesta, ver la compu, comer galletas, vestirse y desvestirse, coger, roncar, etc. Las recámaras deben estar hasta arriba de pilas de ropa. El edredón debe estar en el suelo. Las sábanas, revueltas y llenas de manchas de tinta, porque no paras de escribir. Las cortinas, torcidas, porque son de esas de tipo veneciano que solo suben por un lado, el cordón está enredado y no has tenido tiempo de arreglarlas. Hay una cama de perro en la esquina, aunque tu perro duerme en la tuya casi todas las noches.

Varios envoltorios de condones en el suelo. Unas cuantas prendas de ropa colgando de la chapa de la puerta. Un desastre que es una pinche maravilla. Date unas palmaditas en la espalda.

Nuestras abuelas se horrorizarían ante el estado de nuestras recámaras. Aunque también estarían un poquito celosas. ¿Quién sabe lo que habrían hecho con todo ese tiempo libre?

EL CLÓSET:
¿Tiene puerta? Ciérrala

suéter de piña arrugado

Mi marido y yo compartimos un departamento pequeño de una habitación. En este departamento hay un clóset. No un clóset de recámara. Un clóset en total. Los dos colgamos en él nuestra ropa. Lo compartimos. Está lleno y no pasa nada. No necesitamos sistemas de organización. No necesitamos ganchos especiales. Tenemos ropa, la colgamos. O la dejamos en el suelo. Fin de la historia. Si no caben más cosas, nos deshacemos de algo. (Yo dono su ropa mientras él está en el trabajo.) Así es como puedes gestionar tu clóset de forma eficaz. Dejando de esforzarte tanto.

Ponte delante de tu clóset. Ahora mismo. No conseguirás aprovechar al máximo este libro si no haces todos los ejercicios. Ahora, mira tu clóset. ¿La ropa está organizada de la más clara a la más oscura? ¿De la ropa de verano a la de invierno? ¿Y por colores? Seguramente no, ¿verdad? ¿La ropa está hecha un desmadre en el suelo? ¿Hay unas cuantas prendas colgadas al revés o con pelos de gato pegados? ¿Ves por ahí algunas que en realidad ya no te pones? Maravilloso. Eres un maldito desastre. Ve a tirarte por la ventana, porque jamás vas a volver a coger. Es broma.

Estás dentro de la mayoría de los propietarios de clósets. Pero no eres feliz. ¿Por qué? Porque la sociedad dice que tu clóset tiene que estar organizado y que tu vida mejorará una vez que lo hagas. Por ejemplo, el canal HGTV recomienda dedicar una hora a la semana a ordenar el clóset. Pero qué mierda es esa. A ver, a mí me encanta echarme

maratones de cinco horas viendo ese canal, pero que no me diga lo que tengo que hacer. ¿Qué es lo que nos queda? Un clóset que sea un desastre y la culpa que nos llega desde distintos frentes que nos dicen que lo ordenemos. «Soluciones para el clóset.» «Sistemas de organización de armarios.» «¡Solo una hora al día!» ¿Por qué nadie dice que eso es una mamarrachada? Resulta muy molesto que te digan que tu clóset no es aceptable. Tienes permiso para tener el clóset hecho un desastre. De ahí que la mayoría de los armarios tengan puertas. ¿La puerta está cerrada? Estupendo. Pasa al siguiente capítulo, donde atenderemos cómo lidiar con elementos concretos dentro de tu desordenado hogar.

esto es un sistema de organización

4.

Cómo lidiar con los objetos concretos de tu casa

«Comprar es un gran placer.»

Simone de Beauvoir

Cada habitación tiene su propia forma de acabar hecha un desastre. Por eso, cuando estás ignorando el desorden y el caos, es bueno aprender a hacerlo según la categoría. Los montones de ropa se merecen que les prestes la misma poca atención que a una mosca. Ya sea del desorden que crea la presencia de muchos niños o, simplemente, tu fantástica colección de plantas que, por algún motivo, aún no han muerto, vamos a asegurarnos de que todo lo que posees esté apilado en montones y en múltiplos de dos para que puedas seguir con tu vida. ¿No suena a algo que da felicidad? Es que justo eso es lo que es.

LA ROPA: No la dobles o acabará arrugada

Las tiendas pagan a sus empleados para que les pasen una plancha de vapor vertical a las camisetas y las doblen en forma de pequeños cisnes de origami y así a ti te den ganas de comprarlas. Genial. Voy a comprarme otra camiseta de «tisú» de cuarenta dólares de esa marca tan increíble que luego luego se me atorará en un clavo. Pero no te lleves esa mentalidad contigo a casa. Cuando te compres una prenda de ropa, sácala de la bolsa, arráncale las etiquetas, póntela de inmediato y déjatela puesta el resto del día. Mejor aún, también por la noche, de pijama. La clave para llevarla a la perfección es lograr que se manche lo antes posible. En mi caso, lo que suele funcionar es café o crema BB con voluntad propia. Una vez que ya la hayas domado, puedes relajarte. Quítatela, déjala en el suelo y pisotéala. Déjala ahí marinando hasta la próxima vez que la necesites. Y quédate tranquila: la tendrás cien por ciento domada y con un aspecto chingón. Ah, ¿la camiseta que llevaba puesta en tu cumpleaños? Sí, gracias, me la pongo para demostrar que me importa una mierda lo que la gente piense de mí, que es un tipo de actitud frente a la moda que perpetúa la idea de que arrugado = increíble. Y es verdad. Así que deja de ser una aburrida y de preocuparte por doblar los jeans. No tienes tiempo para eso y no estás en el ejército, donde, de todas formas, ni siquiera puedes llevar jeans. Siguiente.

LA ROPA DE ESTAR EN CASA:
Es lo único que deberías ponerte

Mi compañera vino un día a trabajar con unos pantalones de yoga negros y su marido le dijo: «¿Entonces te rendiste?». El que queda en ridículo es él. Los pantalones de yoga son cómodos y debes tener cuarenta, incluso aunque no practiques yoga. Puedes tener también ropa sexi, si quieres, pero admitamos todos que la mayoría nos vamos a dormir con pants antimorbo. Darte cuenta de que tu vestuario debería consistir únicamente en ropa de estar en casa forma parte del proceso de madurar. Cuando te vas a vivir con tu primer novio, estás en plan «tengo que invertir en varios camisones de encaje y rasurarme ahí abajo». Todas las noches te paseas por la casa con lencería de esa línea de Victoria's Secret inspirada en las trabajadoras del sexo. Solo aceptas pagos en P, no sé si me explico. Y diez años después estás invirtiendo en una bata hecha de las pieles de mil conejos y unos calcetines forrados con caritas de borregos y no has estado más cómoda en tu vida. Te has dado cuenta de que, como ser humano, tienes derecho a irte a dormir cómoda.

Has dejado de vestirte para otra persona. Además, la ropa de estar en casa sigue estupenda aunque esté arrugada y la laves cada dos semanas, a lo mucho.

Ten esto en cuenta: la lencería no es más que una enorme conspiración. O sea, sí, es divertido llevarla puesta y es divertido comprarla, y debes tener un buen montón. Pero es para ocasiones especiales, no para diario. ¿Alguna vez has intentado andar por ahí en camisón de seda, por ejemplo? Los camisones de seda resbalan de la mierda. Y, cuando te derramas vino encima, se manchan con muchísima facilidad. ¿Alguna vez se te han metido unos calzones de encaje por la raja de delante? No tiene ni tantita gracia. No creas a nadie que te diga que se pone lencería sexi todas las noches para dormir. Sobre todo, si vive en un clima frío. Absolutamente todos los habitantes de Saskatchewan, en Canadá, se ponen para dormir, todas las noches desde octubre hasta mayo, un pijama de una pieza de forro polar de la marca Roots, porque es el mejor. Así que compra el tuyo. Pants. Sudaderas con capucha. Mamelucos. Calcetines. Camisetas. La regla de oro: la ropa elástica te hace sentir fantástica.

LA BOLSA: 90 objetos o menos

Si tienes que salir del país y empezar de cero en Costa Rica (donde todos los delincuentes van a pasarlo bien), tu bolsa ha de contener todo lo que necesites: pasaporte, calzones limpios, aspirinas, lápiz labial, palo de *selfies*, pachita, tarjeta de crédito, pistolita chata como las de las pelis, cel de prepago que no esté fichado.

Por eso siempre debes comprar la bolsa más grande que puedas cargar. He aquí un buen test sobre bolsas: ¿cabe una botella de vino dentro?, ¿no? Pasa al siguiente. ¿Sí?, cómpratela. Y luego llénala de todo lo que necesites y no la vacíes ni la limpies jamás. Esos rinconcitos que hay en el fondo sabrán arreglárselas de alguna forma. El método KonMari, por otro lado, promueve vaciar la bolsa todas las noches, doblarla y darle las gracias por los servicios

bolsa

prestados. ¿Te imaginas qué idiotez? Te digo ahora mismo que ese es el camino hacia la locura. Tu ligue de una noche te incluirá automáticamente en su próximo guion si haces esa mamarrachada.

Tu bolsa es grande y está llena de cosas porque necesitas cosas a lo largo de todo el día. A nadie le gustan las citas en las que se ve obligada a usar una pinche bolsita de mano. En una bolsita de mano caben medio tampón y medio celular. Es inútil. Y luego, cuando quieras consultar tu ábaco o señalizar un paso elevado, no tendrás las herramientas adecuadas. Así que acepta tu bolsa gigante. Y recuerda: cuando estés atrapada en el tren porque el departamento de bomberos de la ciudad de Nueva York esté rescatando unos gatitos sin techo de las vías, las almendras que te dieron en el avión, la linterna, el cortacadenas y la comida para gatos te vendrán muy bien mientras les cuentas por Snapchat a tus seguidores lo del retraso.

LOS ZAPATOS: Consérvalos

Acumular tantos zapatos como sea posible es un objetivo aceptable en la vida. Yo aún tengo zapatos de 1999: unas sandalias deportivas de tacón alto, de la época de las Spice Girls. Y no te molestes en rociarlos con protector: esa mierda es un fraude orquestado por las zapaterías. Si tienes zapatos de ante, no te los pongas cuando llueve. Esa es la única protección de verdad.

todos los zapatos

que le den a la horma

Cuarenta y cinco pares (o uno por cada año de tu vida) es una cantidad aceptable de zapatos. Seguramente ya tendrás al menos tres pares de chanclas, varios tenis deportivos y unos tacones de satén color durazno de dama de honor que tu amiga te dijo que podrías teñir de negro. Esa amiga está ya divorciada, pero debes conservar los zapatos. Conserva todos los zapatos. Que sufran las hormas y las cajas de zapatos. Déjalos por todas partes.

¿Cuál es tu nivel de tolerancia al desorden?

Tu pareja deja sus zapatos en la sala. Son del número veintinueve, así que no es que sea precisamente fácil ignorarlos. ¿Qué haces?

a. Los echas a un lado de la habitación con el pie.

b. Suspiras audiblemente, los recoges y los pones en su lugar. ¿Recuerdas cuando tenías diecisiete años y pensabas que ibas a mudarte a la gran ciudad y ser actriz? Qué divertido era cuando la vida estaba llena de posibilidades, ¿verdad?

c. Exclamas: «¡Algo que ordenar!» y colocas con entusiasmo a clip y clop en su estante, mientras les das las gracias por darte algo que hacer, ahora que los niños están en la universidad y la botella de vino de esta mañana se ha terminado.

d. Nada.

mil pares de zapatos

Permíteme que te ilumine. Las únicas opciones que te permitirán conservar la cordura son la A y la D. Enojarte por el desorden es una pérdida de tiempo. Alegrarte por él es muy desagradable. La aceptación es la clave. O gestionas con indiferencia el peligro de tropiezo o no. ¿Acaso te dirás en tu lecho de muerte algo así como «cuánto me alegro de haberme enojado siempre por el tema de los zapatos»? ¿O recordarás más bien la sensación de libertad mientras llevabas una vida libre de las restricciones de la sociedad?

LOS NIÑOS: La definición misma del desorden

el pecho de los bebés

Tengo unos amigos por las redes sociales que tienen cinco hijos o más. No en plan triste secta opresora (como son todas las sectas), sino porque disfrutan de los niños, los adoran y quieren tener una familia grande. Al menos, eso es lo que supongo yo, porque parecen felices y las redes sociales nunca se equivocan. También tengo amigos con un solo bebé. Si entras en la casa de una de estas familias, seguramente reinará el caos infantil. Yo evito las casas donde hay niños menores de seis años, porque ir de visita a una casa con niños pequeños es muy estresante. Tú crees que vas para chismear y a lo mejor también para debatir sobre el Banco Mundial, sobre si *La crisis del capital en el siglo XXI*, de Thomas Piketty, fue el libro de la década y sobre si están de acuerdo en que las zanahorias son el nuevo *kale*, pero, en lugar de eso, hay carritos de niño, alfombras de juego, sacaleches, trapitos para los vómitos y desperdicios de niños por todas partes. Llevan literalmente meses sin leer chismes sobre famosos y lo único que acabas haciendo es mirar a su hijo y comentar lo bonito que es y lo grande que se está haciendo antes de largarte al cabo de una hora. (Afrontémoslo. Los niños que no son tuyos son un aburrimiento. No les «gustan» los jueguitos ni las canciones infantiles cuando tienen dos meses, a pesar de lo que puedan pensar tus seguidores por lo que vas contando mes a mes. Son masas amorfas sin preferencias. A mí denme un niño de seis años obsesionado con los dinosaurios y los robots y que lleve los pantalones en la cabeza cualquier día. Esa mierda es rara y graciosísima.)

Sea como sea. Padres: nunca ha sido más importante recordar que pronto estarán muertos. Porque han de saber esto: su casa no estará ordenada si hay niños en ella. ¿Saber eso no es motivo más que suficiente para darle una oportunidad a la actitud de que les valga una mierda? Pueden tener la casa más ordenada del mundo, pero la recámara de su hijo adolescente, con su hedor a semen, les dará ganas de llorar. Así que su opción es pasar dieciocho años o más estresándose por el caos infantil o asumirlo sin más. Seguramente los quieren y, con suerte, les caerán bien en general, y no los consuman los pensamientos del camino que no siguieron o de la vagina que han perdido. Qué apretada estaba antes, ¿verdad? Así que tómenlo con calma. Y aprendan algo de los chamacos. ¿Acaso les preocupa alguna vez el desorden? Es bastante probable que no. A los niños les vale todo, como bien saben. ¿Cuándo perdemos esa capacidad de disfrutar sin más de nuestro entorno, tal y como es? Vayan a ponerle brillantitos a alguna prenda de mezclilla, coloreen con gis el camino de entrada, dibujen con pintura de dedos en la pared o algo por el estilo. Ser adulto es difícil. Ser padre es aún más difícil. Solo se puede controlar hasta cierto punto. Concéntrense en lo importante, como qué guardería sigue el programa que acercará más a su hijo de tres años a las puertas de Harvard.

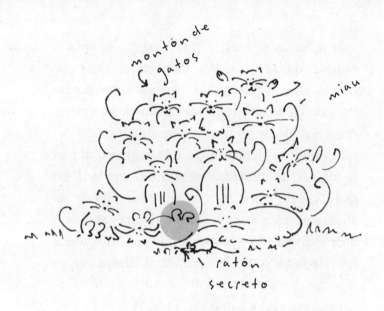

LOS GATOS: Ten más gatos

La gente con gatos está mal vista. Entre más gatos tengas, más probabilidades hay de que estés mal de la cabeza o contraigas *Toxoplasma gondii*, que reprograma tus neuronas para hacerte más o menos extrovertido/a, según tu género. Hay quienes creen que los gatos son seres turbios y tal vez tengan razón, pero, si no «te llegan» los gatos, deberías probar comprarte un centenar de hámsters. Aunque hay un motivo por el que a la gente a la que le gustan los gatos termina teniendo un millón. Porque son suaves, peludos y tranquilos y a todo el mundo le gustan las cosas suaves, peludas y tranquilas. Siempre debes tener unos cuantos gatos más de lo que parece razonable. Regla de oro: si te gustan los gatos, debes tener varios.

LOS PERROS: Ídem

Para poder tener un puñado de perros, seguramente deberías vivir en el campo; si no, eres mala persona. Cuando vas por Tribeca u otro barrio fifí paseando a tu galgo, debes saber que los demás ven a un pendejo egoísta. O sea, sí, tienes mucho dinero y un departamento grande, pero no es lo bastante grande. Cómprate una pinche casa en el campo para que el pobre animal pueda correr en condiciones. Los perros también son geniales porque traen un montón de accesorios. Tu perro debe tener, al menos, diez suéteres, varios abrigos y unos cuantos pares de zapatitos preciosos de plástico que les protejan las patas de la sal y la nieve. No hay excusa para no tener caos perruno. Si tu perro no tiene un buen montón de accesorios *nice*, la cosa se resume en que no estás cuidándolo adecuadamente. Si vives en el campo y tienes un perro de verdad, no obstante, tienes excusa para no comprarle accesorios cursis. Puedes limitarte a darle una pata de caballo, una mandíbula de pavo o lo que sea que coman los perros de campo y dejarlo que corra por ahí, se gane la rociada de un zorrillo o el ataque de un puercoespín y disfrute de la vida campestre.

LOS LIBROS: Cómpralos y amontónalos

Si te gustan los libros, ya sabrás esto de forma innata: los libros son importantes y está bien tenerlos por miles y no deshacerse jamás de ellos. Para eso hacen falta repisas, probablemente. Pero lo padre de los libros es que se pueden apilar al instante. La mesita de noche es el punto de partida evidente. Cuando esté llena, prueba con el suelo justo al lado. Burós. Sillas. Por supuesto, unos cuantos libros van al baño, para cuando estás sin batería en el celular. Los libros que tienen que ver con el trabajo, junto al escritorio. Los libros de cocina, en la cocina. Los libros típicos para dejarlos de exposi-

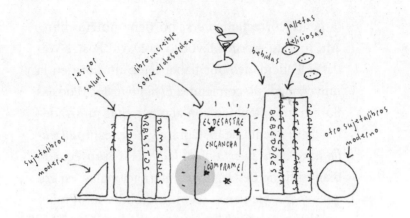

ción en la mesita de centro, sobre la mesita de centro. Los libros viejos y raros, en la bodega o el garaje. Adquirir más libros también es importante. Toda excursión a un lugar donde se vendan libros de cualquier tipo exige que compres alguno. Quizá debas ocho meses de alquiler, pero, si no compras un libro en una librería de viejo, en esencia eres una mala persona a la que no le gusta leer.

Motivos aceptables para reducir tu colección: te vas a recorrer a pie el sendero de la Cresta del Pacífico y tienes que deshacerte de las páginas que ya has leído para aligerar el peso de tu mochila.

Los libros no son cachivaches, da igual lo que te diga un libro sobre cómo organizar tu casa. Nadie ha entrado jamás en una biblioteca y pensado: «Pero qué pinche caos». Además, es difícil juzgar a la gente correctamente si no tiene ningún libro. Ah, ¿que tu escritor favorito es David Foster Wallace? Felicidades por haber leído un libro en la universidad. ¿Recomiendas *El alquimista*? ¿Podrías iluminarme también con algunas citas motivadoras de tu cuenta de Instagram? ¿Te encantó *El millonario de la puerta de al lado*? Has aprovechado bien tu título de Negocios Internacionales, espero que te vaya bien en el sector inmobiliario. ¿Prefieres *Historia de O* a *Cincuenta sombras de Grey*? Tus amigos creen que eres una persona pretenciosa. ¿Tienes una suscripción a *People*? Te encantan los caballitos de Fireball y en realidad eres el alma de las fiestas. ¿Tu libro favorito es *Moby Dick*? Sí, claro, cómo no. ¿Ves cómo funciona? Además, si vas a la casa de un nuevo amigo por primera vez y no tiene ningún libro, puedes darte la vuelta sin más y no volver a hablarle en la vida. Así que pon esos libros donde podamos verlos.

5.

Deja cosas también fuera y en el ciberespacio

«A lo mejor eres un menso si [...]
no has puesto flamencos de plástico rosa
en el jardín para hacerte el chistoso.»

JEFF FOXWORTHY

El desorden ya no es solo para las casas. Sal al mundo y acepta la belleza de los patios, coches y buzones hechos un desastre. Si no mantienes el desorden en todos los aspectos de tu vida, estarás perdiéndote una oportunidad de vivirla de forma más relajada.

EL JARDÍN: Esconde el plástico y las cosas rotas detrás de la casa... si es que hay espacio

Cuando tenía veintipocos años, trabajaba recaudando fondos de puerta en puerta para varias organizaciones benéficas. Suena un poco turbio (y la verdad es que lo era), pero las organizaciones nos habían contratado para que recaudáramos dinero, y nosotros salíamos y lo conseguíamos. Algunos donantes se molestaban al enterarse de que teníamos un sueldo, pero a nosotros nos encantaba el trabajo. Básicamente, todos estábamos fuera del mercado laboral: chicos sin experiencia, europeos equis que trabajaban de manera ilegal para ganarse un dinero extra o gente que no estaba hecha para una oficina convencional. Como mi compañero, que había estado en la cárcel por intento de asesinato. Llegué a ver un montón de timbres, aldabas extravagantes y adornos de jardín, y conocí a muchas señoras encantadoras que me invitaban a pasar y tomar una limonada. A lo que voy es a que en una calle de Chatham, en Ontario, había unas veinte casas con gansos de hormigón en el jardín delantero. Gansos cuyos propietarios habían pintado y vestido con gabardinas o sombreros de paja. Esa es la forma correcta de decorar el jardín. Llenarlo de cualquier mierda.

Si te estresa que tu jardín no sea un perfecto paraíso zen con piedras blancas y bonsáis dispuestos con estilo, lamento que te sientas así. Pero tu jardín tiene un fin, y ese fin es el almacenamiento y la decoración de mal gusto. Así que toma esos carteles ñoños de «Atención: nietos consentidos» y clávalos con orgullo en tu jardín. Saluda los restos de ese arenero que tan buena idea te parecía hasta que los mapaches empezaron a cagarse ahí. Deja que una familia de castores anide en la carrocería oxidada de tu viejo Honda. Haz la tontería de pintar el garaje con el escudo de tu equipo favorito. Deja que todo se descontrole.

DECORACIÓN NAVIDEÑA: Sí

Aceptar el desorden relacionado con las festividades puede resultar difícil, dependiendo de si se te da muy bien el caos o si todavía sigue estresándote. La perspectiva de sumar esqueletos de plástico, pavos de papel, banderas patrias, conejos de Pascua y Santacloses inflables a tu decoración puede parecer un poco abrumadora. El objetivo es colocarlo todo fuera. Tengo una tía que colecciona árboles de Navidad. Tiene, sin exagerar, quinientos árboles, y todas las temporadas los pone y luego, en enero, los quita. La gente se vuelve igual de idiota con Halloween. Una amiga mía de Carolina del Sur convierte su jardín en un cementerio embrujado, con sus brujas animatrónicas y trozos de cuerpos cercenados de plástico. Nuestros gobernantes supremos capitalistas lo saben y, por eso, en la época de Acción de Gracias, puedes comprar literalmente cualquier cosa inspirada en los pavos. ¿Un cenicero de pavo? Claro que sí. ¿Una vela con olor a pavo? Por supuesto. ¿Un martini de piel de pavo? Ñam. ¿Un mameluco de pavo? ¡Ven a mí!

¿Una banderita de papel de Etsy que diga «Felicidades»? Cuelga esa mierda, porque ya casi es Navidad. Déjala puesta todo el año.

Olvídate de celebrar unas fiestas elegantes y modernas con adornos de cerámica blanca. Saca las cajas del botadero, crea tus propios adornos, vete a un bazar chino o haz lo que tengas que hacer. Las fiestas no tienen nada que ver con espacios sofisticados, vacíos y perfectos para salir en una revista. Las fiestas son vulgares ante todo y en ellas impera el desorden. Disfrútalo. Y recuerda disfrutar de las bebidas alcohólicas de la temporada: Absolut con muérdago y ron Captain Morgan en versión Día del Trabajador de Izquierda. Súmate al espíritu festivo.

Test

Averigua aquí tu estilo de desorden
para las fiestas

1. Si pudieras elegir una fiesta y celebrar solo esa durante el resto de tu vida, ¿cuál sería?

   a. Mi cumpleaños.

   b. El Día de los Profesionales Administrativos.

   c. El Día de los Pueblos Indígenas.

2. Estás en un outlet gigante. ¿En qué despilfarras?

   a. En un paquete de dieciséis esponjas.

   b. En una televisión curva de pantalla plana y una crema de sucedáneo de cangrejo.

   c. No compras en outlets. Prefieres Etsy o las tiendas de artesanía de tu zona a las que puedes ir en bicicleta.

3. Venecia está hundiéndose. ¿Qué medida tomas para ayudar?

   a. Buscas una organización benéfica específica y autorizada, como la Cruz Roja, y donas todo lo que puedes.

b. Averiguas qué es lo que necesita la gente que está allí y organizas una expedición de compras para satisfacer esas necesidades: cloro, trapeadores, productos de limpieza, etc. También averiguas si puedes conseguir algún descuento en cristal veneciano, pasta y Pecorino en las tiendas inundadas, de paso.

c. Te presentas de voluntaria en Hábitat para la Humanidad y te vas a Italia compartiendo coche para ayudar en la reconstrucción.

Tu estilo de desorden:

Mayoría de A: La sobrina responsable de Martha Stewart. Eres práctica y organizada. A lo mejor compraste este libro porque lo sabes y quieres aprender a ignorar más de todo. Te gusta gastarte el dinero si es en algo que necesitas. No te gustan mucho las cosas vulgares. Te gusta hacerte el jugo de naranja por la noche y taparlo con un plástico para tenerlo frío y recién hecho por la mañana.

Mayoría de B: Elfo navideño. Te enloquecen las fiestas (cualquiera) y te encanta comprar cosas y hacer feliz a la gente. Eres esa amiga que hace galletas para los cumpleaños y pinta adornos a mano con chistes privados para regalar. En los adornos que les has regalado este año a tus compañeras de sororidad de la Universidad de Florida pintaste cosas de básquet que solo ustedes entienden. No estoy segura de que esto tenga sentido, porque, en Canadá, de donde soy yo, no tenemos básquet y mucho menos sororidades. La cuestión es que tú eres la reina de las festividades. Bien por ti.

Mayoría de C: Tu forma de celebrar las fiestas es tan discreta como una rebanada de tofu. No te van el consumismo ni las fiestas, así que tu casa es un aburrimiento y a nadie le gusta ir a verte. Homenajeas a los más vulnerables. A quienes no son tan afortunados. Te sientes culpable por disfrutar de las fiestas cuando hay otros que no tienen nada. Eso es digno de admiración, supongo, pero, si quieres descansar de salvar el mundo, no pasa nada si te tomas una botella de whisky y un poco de brillantina.

LOS COCHES: Por la ventanilla o al asiento trasero

Cuando trabajaba en Cedar Point, en Ohio, una compañera me preguntó si quería ayudarla a limpiar su coche. Le dije que sí porque ese es el tipo de cosas que haces cuando tienes veinte años y es tu día libre. La porquería que tenía en el coche era de proporciones épicas. Era la cosa más inspiradora que he visto en mi vida. Le gustaba especialmente la cadena White Castle y tenía decenas de cajitas de hamburguesas en el asiento de atrás. También tenía cinco o seis botes redondos de chicles, de esos que están hechos para encajar en el portavasos del coche, pero, como este estaba lleno de otras cosas, estaban tirados así nomás en el suelo o en el asiento del copiloto. No me habría sorprendido que tuviera una granja de hormigas y cinco bebés nonatos en el maletero. Lo que hizo para limpiar el coche fue abrir todas las puertas, tirar a la calle toda la porquería y estacionar el coche en otro lado. La cuestión es que mi amiga rayaba en la sociopatía, pero se le daba bien lo de «tener un coche». Aprendí mucho de ella (también, a robar en las tiendas).

¿hay porquería en la
cajuela de tu coche?

Los coches son palacios móviles del almacenamiento. ¿Estás pensando en rentar un botadero?
No seas idiota. ¿Te sobran sombreros de vaquero?
Al coche. ¿Cosas para llevar a la beneficencia? A la
cajuela. ¿Tacones de aguja y papas fritas del Mc-
Donald's que quedaron de cuando te fuiste al an-
tro y tu amiga se cogió a ese jugador de la NBA en
su hotel? Al asiento de atrás. Cobijas de perro, si-
llitas para el coche, pala de emergencia, funda llena de CD de TLC y los Backstreet Boys (o de Life-
house y Sugar Ray, según tus gustos): me alegro
por ti. Cuando te quedes varada y tengas que pasar
la noche en medio de una ventisca en la carretera
Transcanadiense (el equivalente en Canadá a la
Ruta 66, solo que aún muy útil y un poco más
fría), entre Ottawa y Winnipeg, no te servirá de
nada que tu coche esté limpio y ordenado. Estarás
encantada de tener un paquete de minidonas en el
asiento trasero, un discman Sony, una caja de cer-

vezas, una quitanieves y un libro sobre la Reforma para que te entre el sueño. En resumen, tu coche debe contener siempre todo aquello que necesites en caso de que llegue el Apocalipsis.

EL MUNDO DIGITAL:
Deja una huella digital enorme

todas tus selfies

100-pre en internet

Los libros o la ciencia antidesorden te dirán que las palabras son estresantes, pero pueden irse todos a la mierda (y esos escritores hipócritas deberían asumir la ironía que hay en escribir todo un libro o un artículo de revista arbitrada sobre lo estresantes que son las palabras). «Si hay demasiadas palabras, el cerebro no puede concentrarse.» «Si abusas de la multitarea, se te olvidan cosas.» ¿Sabes qué? Si se te olvida algo, puedes consultarlo en internet. Igual que tener una calculadora implica que ya no tengamos que acordarnos de cómo se multiplica, internet nos libera de la responsabilidad de tener que recordar nada nunca más. Sin embargo, piensa que por todas partes hay artículos sobre el peligro de la basura digital. «La basura digital está en tu cabeza, jodiéndote el día a día con notificaciones, alarmas y mensajes de voz de tu madre.» Es normal. Ahora todos somos cíborgs de una novela distópica sobre el control mental y no tienes que preocuparte, porque los smartphones e internet son increíbles. Puedo pedir comida de gatos por internet y tenerla en mi puerta dos horas después. A mis gatos les encanta internet. Obviamente, seré la primera persona en morir si hay una sublevación de robots o un fallo general de los sistemas, y tendré que largarme de casa en enero para cambiar cigarros por comida en el mercado negro. Pero, hasta entonces, aceptemos que nuestras vidas son más fáciles desde que Al Gore inventó internet.

A pesar de esto, es imposible leer revistas sobre cosas del hogar ni escuchar *podcasts* sobre actualidad sin que algún loquito predique sobre las bondades de una desintoxicación digital. «Pues yo estuve un mes viviendo en un árbol y ahora tengo la mente despejada y puedo concentrarme en mi juego de la rayuela y diseñar este logotipo de flecha para mi línea de condimentos caseros.» Por supuesto, haz una desintoxicación digital de una semana, si puedes aguantar, o vete a vivir a Slab City, en California (una comunidad de okupas en el desierto, sin electricidad ni agua ni nada de nada).

Pero, en general, hoy en día todos vivimos en hogares inteligentes y coches conectados y tenemos que buscar una forma de lidiar con ello. ¿El correo electrónico es estresante? Ñi, ñi, ñi. ¿Sabes qué? No es así. El correo electrónico es rápido y cómodo y, literalmente, la cosa más fácil de gestionar del mundo. Debes tener todas las direcciones de correo electrónico que sea posible. Conserva tu cuenta de Yahoo, AOL o Hotmail por nostalgia, la de Gmail o tu propio dominio para tu actividad real y unas cuantas más para tus perfiles falsos y Ashley Madison.

Intenta verlo de este modo: los mensajes de correo electrónico son increíbles y, cada vez que recibas uno, intenta estar agradecida por la cantidad de inteligencia colectiva y energía que se ha invertido en crear los mecanismos que te permiten recibir cuatro mil mensajes de LinkedIn al día. ¿Te gusta una cadena de tiendas de decoración? ¡Ella también quiere ser tu amiga! ¿No recuerdas cuál de los Grandes Lagos es el más profundo? ¡Míralo en internet! Abre doce pestañas y pásate varias horas cambiando entre ellas. Consume tanta información como puedas. Entérate de las noticias del mundo y los famosos y mira videos de acontecimientos importantes. Comenta distintos artículos y comparte tu opinión con tus amigos. Participa en algún linchamiento público cuando alguien publique o escriba algo que no te guste. Llénate el cerebro de información, distracción y comunicación. Nunca, en toda la historia del mundo, hemos tenido acceso a tanta información. Las bibliotecas no cuentan, lo siento.

Y después, quédate tranquila, sabiendo que, si alguna vez te haces famosa, en 2087 algún guionista comprará el acceso a todas tus búsquedas de internet y cuentas de las redes sociales cuando investigue para hacer una peli sobre tu vida. Si hubiera habido Google allá a principios del siglo xix, sabríamos si Chopin tenía algún fetiche con los pies. A partir de aquí, en el futuro todo el mundo tendrá la posibilidad de saberlo todo sobre nosotros. Olvídate de escribir esas memorias en las que analizas con todo detalle tu vida interior, usando la metáfora de una jacaranda que crecía en tu jardín y había plantado tu abuela. Dentro de unos años, los *voyeurs* recorrerán tu historial de búsquedas, correos electrónicos y fotos y conocerán tu verdadero yo sin filtros. Si esa idea no te resulta relajante, no estás viviendo tu vida correctamente.

¿eliminar?

¡guardar todos los mensajes!

Test
Averigua tu estilo de desastre
con el correo electrónico

¿Cuántos mensajes de correo electrónico sin leer tienes en tu bandeja de entrada?

a. Más de dos mil.
b. Ninguno.

Si has respondido A: Te suscribes a un montón de listas de correo y no respondes ni abres todos tus mensajes cuando procede (según el criterio generalmente aceptado por la sociedad). Reconoce que jamás vas a responder todos los mensajes que quieres en el plazo que corresponde ni con el esfuerzo que corresponde. Recibir muchos mensajes quiere decir que eres popular, así que, sin lugar a dudas, no terminarás sola: ¡siempre te quedará la amistad de Sephora!

Si has respondido B: Respondes, eliminas o clasificas todos tus mensajes de correo electrónico. Bien hecho, supongo. Probablemente, podrías haberte saltado este apartado, pero pareces ser el tipo de persona a la que le gusta ser meticulosa.

6.

Valora tus pertenencias, pero no acapares

«... y que muy afortunado fue aquel hijo cuyo padre avaricioso fue al infierno...»

WILLIAM SHAKESPEARE

Mientras que otros libros alientan una actitud militante frente a la limpieza (esos autores preferirían que vivieras en una caja blanca hipoalergénica y tuvieras cuatro pares de leggins blancos), el desorden es una de las bellas artes. Si se hace bien, es precioso. Una vez que has inclinado la balanza desde el desorden y el caos hacia el acaparamiento, sin embargo, tienes un problema. Mira, tu padre no va a irse al infierno si es un acaparador, y probablemente tú tampoco. Pero acaparar es una cosa grave que puede indicar problemas mayores y, encima, hacer que salgas en la tele. Con suerte, mientras aún vivas, pero quizá después de que hayas muerto.

¿Has oído hablar de los hermanos Collyer? Eran unos hermanos muy huraños que se hicieron famosos por acumular más de ciento cuarenta toneladas de cosas en su casa de hormigón de Harlem. Un hermano murió aplastado bajo una montaña de basura; el otro, de hambre, después de que su hermano falleciera. Estas son algunas de las cosas que se sacaron de la casa después de que se descubrieran los cuerpos:

- órganos humanos encurtidos,
- veinticinco mil libros,
- ocho gatos vivos,
- un coche,
- catorce pianos,
- «comida podrida».

Espero que con esta lista hayas intuido la diferencia entre el desorden y el acaparamiento.

temporizador
para huevos x
1.000

Acaparar implica un nivel de locura digno de *reality shows*. Acaparar es cuando compras cuarenta temporizadores para huevos en el bazar chino, los dejas dentro de la bolsa sin quitarles la etiqueta, pones la bolsa en el sofá y repites todo el proceso hasta que nadie pueda encontrar tu cadáver cuando mueras porque está debajo de un montón de temporizadores para huevos y ejemplares del *New Yorker* desde 2005 y los cadáveres de tus periquitos y el manual de instrucciones del robot aspiradora, que murió de frustración. En realidad, a la mierda. A mí esa casa me suena maravillosa. Probablemente, solo hay unas cuantas cosas que sí es aconsejable que tires. Cosas como:

- comida que haya pasado de su fecha de caducidad,
- arena de gatos usada,
- botes vacíos de champú o acondicionador,
- plantas que hayan muerto,
- órganos encurtidos,
- cualquier cosa que antes estuviera viva y ahora esté muerta.

Test

Cómo saber si lo tuyo es desorden o acaparamiento

1. ¿Tienes fruta pudriéndose en la sala?
a. Sí, pero son unas calabazas que compré con la intención de tallarlas para Halloween. Ahora voy a transformarlas en pan de calabaza, de verdad.
b. Sí, pero son las calabazas que tallé para Halloween, así que son más arte popular que fruta pudriéndose.
c. Sí, pero mi fruta podrida está en el frutero, que es donde tiene que estar.

2. ¿Cuántos gatos tienes?
a. Diez.
b. No estoy del todo segura, algunos están en la casa de la montaña y los otros, en el depa de Roma.
c. Dos.

salchicha deliciosa, ← ¿aceptable?

3. ¿Qué objeto es más probable encontrar en la guantera de tu coche?

  a. Salchichas.

  b. Una caja de velas que se ha derretido y ahora es una cosa preciosa.

  c. Pañuelos desechables, en su mayoría sin usar.

Respuestas:

Mayoría de A: Acaparadora. Acaparar artículos perecederos es una asquerosidad y quiere decir que hay esporas de moho y otras cosas en el aire y que estás respirándolas. El desastre puro es un arte, no un peligro para la salud. Mantén tu mierda bajo control.

Mayoría de B: Estás intentándolo. El arte popular es una excusa aceptable para conservar literalmente cualquier cosa.

Mayoría de C: No eres una acaparadora. Pasa a la página siguiente.

Comprar es divertido

¿No eres una acaparadora? Súper, ve a conseguir más cosas. Acumular objetos es una etapa fundamental y sana de la vida, si tienes suerte. En la pirámide de las necesidades de Maslow, el tercer nivel se refiere a la necesidad de «afecto y pertenencia». O a lo que seguramente quería decir: Afecto y Pertenencias. En otras palabras, en tu búsqueda de iluminación, primero debes poseer cosas. Si no, jamás llegarás a la cima.

Es probable que tu proceso en lo material sea más o menos así:

- Te vas a vivir por tu cuenta con una maleta prestada, tu despertador de Mickey Mouse y tus pósters de mierda del Gato Negro de Toulouse-Lautrec / Gustav Klimt / Kurt Cobain.

- Consigues un trabajo en una *startup* tecnológica, de mesera o de secretaria en el consultorio de un médico y pronto tienes dinero para comprarte un sofá de segunda mano y cambiar tus pósters por obras de arte enmarcadas.

- A lo mejor, te vas a vivir con alguien a quien quieres o que está bien a secas; te casas y de boda te regalan platos o toallas de lavabo. Eso es mucho antes de que empieces a buscar en Google la pregunta «¿por qué me casaría yo?» (¡la culpa es de la sociedad!).
- Te compras un departamento o una casa. La llenas de cosas.
- Te compras un perro o un gato y lo vistes con abriguitos.

perro con suéter

- Tienes un bebé y compras cosas de bebé.
- Tus padres se mudan a una casa más pequeña y te llevas de la anterior un buen montón de cachivaches, como una lámpara vieja que te encanta desde siempre, cuarenta cajas llenas de cosas de tu infancia que tus padres tenían guardadas en el sótano y unas cuantas estatuillas de porcelana.
- Muy pronto empiezas a pensar en mudarte tú a una casa más pequeña, porque los niños ya son grandes, las escaleras son un problema y qué bonito sería tener un departamento junto al mar en lugar de tener que quitar la nieve a paletadas todos los inviernos como si fueras imbécil.

En cualquier caso, volvamos a esa etapa anterior de la vida, en la que estás haciéndote de más cosas. La etapa de Afecto y Pertenencias.

Esta es, literalmente, la mejor etapa de tu vida. No la desperdicies tragándote esa mierda de moda minimalista. Hay mucha gente que no llega siquiera a esta etapa, gente que no tiene la oportunidad de acumular cosas sin parar: gente que tiene que enfrentar la falta de techo o refugiados que han tenido que dejarlo todo atrás. Mi tía estaba trabajando de enfermera en Nigeria cuando estalló la guerra civil, en 1967. Ella y su marido tuvieron que salir del país sin nada más que una maleta cada uno (ella decidió llevarse su álbum de boda). Por suerte, siguen casados y ella no está lamentándose por haberse llevado las fotos y dejar atrás su colección de lingotes de oro o lo que fuera. Compra más cosas por internet, se lo debes a mi tía.

fotos viejas de cosas importantes

Así que, en primer lugar, da las gracias por lo que ya tienes y por el hecho de que tu nuevo par de tenis deportivos sea un pequeño paso en el camino hacia la iluminación. ¿Cuál de tus posesiones es una puta maravilla? ¿Qué tal ese dibujo a tinta de un pene, tan provocador, que tienes enmarcado? ¿O el lápiz labial de mujer fatal con funda dorada que solo te pones cuando andas hasta las chanclas? ¿Y del par de calcetines con dibujitos de sushi? ¿Y de los cubiertos o vasos de pinta robados para tu colección? Nos gusta tener cosas y nos gusta conseguir más cosas. ¡Y no pasa nada! No eres una malvada borrega consumista. Solo eres alguien a quien le gusta ese suéter *vintage* y cree que debería ser suyo. Mira, son solo diez pesos. Una ganga. Prueba disfrutar de la experiencia de comprar ese suéter y sacúdete la sensación de culpa que implica saber que ya tienes un montón de suéteres. ¿Qué más da? Este te gusta y lo quieres. Una buena forma de saber si debes comprarte algo

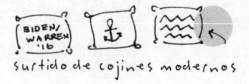

surtido de cojines modernos

es preguntarte: ¿lo quiero? Si la respuesta es que sí, cómpralo. Sea lo que sea. La vida es breve y te lo has ganado. Probablemente, eres una buena persona y haces lo mejor que puedes. Ponte las cosas un poquito más fáciles y cómprate alguna tontería que no necesites. ¡De nada! Y esto es aún mejor: una vez que tengas dominada esta etapa de la vida, la siguiente tiene que ver con cubetas llenas de cachorritos.

En conclusión

«Ser uno mismo en un mundo que trata
constantemente de hacer de ti otra cosa es el mayor
de los logros.»

RALPH WALDO EMERSON

A estas alturas, ya te habrás dado cuenta de que tirar todas tus pertenencias a la basura no es un método factible para vivir adecuadamente. Aunque te deshagas del noventa por ciento de tus cosas, tu hogar no va a estar «limpio» ni ordenado, por mucho que te lo diga un libro de mierda. Si alguna vez te has mudado de casa, sabrás a qué me refiero. La gente que te ayuda con la mudanza (es decir, esos amigos a los que pagas con cerveza y que ahora mismo te odian en secreto) se larga, y tu casa, por algún motivo, sigue llena de cosas; cables viejos, clips, bolas de pelusa, la garantía del microondas: fragmentos de escombros y residuos de la vida de la casa. Es como tu maleta cuando llevas unos días de vacaciones. Alguna prenda-bomba explotó y dejó tus cosas convertidas en montones arrugados mientras tú te restregabas con el instructor de buceo en el jacuzzi del hotel. Qué más da. Estabas demasiado ocupada disfrutando de la barra libre de cocteles de ron bien fríos en el bar de la alberca para meter tus porquerías en los cajones del hotel, que, de todas formas, seguramente tenían chinches.

Entiendo el atractivo de tirar cosas y volver a lo básico. De verdad. Hay un motivo por el cual la gente se va de vacaciones a cúpulas geodésicas en el desierto de California que funcionan con energía solar y contienen solo lo básico para poder subir fotos a Instagram hasta lo indecible. Está bien huir de todo, no tener que molestarse en ordenar y preocuparse solo por el último avistamiento de pumas mientras se otea el cielo en busca de extraterrestres. Hoy en día está de moda ser minimalista. Pero huir de nuestras casas no es la respuesta, ni tampoco tirar cosas. La cuestión es vivir ahora con lo que tenemos y darnos permiso para ser personas normales, desordenadas, un poco descuidadas y terriblemente ocupadas.

Y ahora tómate un segundo para felicitarte por haber llegado tan lejos. En la vida. Estás viva y leyendo u hojeando un libro. No está mal. No es un lugar terrible en el que estar en estos momentos. Estás lo más cerca que has estado nunca de llevar una vida más plena y apasionante, en la que cosas como hacer paracaidismo o comprarte una vela de sesenta dólares no parecen ya tan disparatadas. No tengo más posibilidades de hacer que te encante tu desorden que otra persona de convertirte en una persona ordenada diciéndote que te desprendas de todos tus cacharros. En realidad, nadie puede hacer que hagas cosas que no quieres. Aunque, si lees sobre el programa MK Ultra y los experimentos del gobierno de Estados Unidos para controlar la mente, es algo muy interesante a tener en cuenta. Unabomber, por ejemplo, fue un voluntario de Harvard para un estudio sociológico secreto sobre el control mental financiado por el ejército. Igual que Whitey Bulger. Si esto te suena mucho a rollo Jesse Ventura o al terraplanismo, búscalo, de verdad. Tienes tiempo, ahora que ya no estás obsesionada con el orden. La cuestión es que depende de ti que empiece a importarte un carajo. A menos que no sea así. A lo mejor estoy al servicio del Consorcio Federal de Comercio y todo este libro está pensado para hacerte comprar cosas y así darle un empujón a la economía, como cuando George W. Bush le dijo a todo el mundo que fuera a comprar después del 11S. A lo mejor todos esos otros escritores que te animan a tirar tus cosas y llevar una vida espartana están en alguna lista gubernamental de agitadores comunistas anticapitalistas. Nunca lo sabremos. Lo que sí sabemos es que, para que lleves la mejor vida posible, debes comprar unas cuantas copias de este libro para regalárselas a tus amigos. Consigue más. Guárdalas en el suelo. Sé LIBRE.

Recursos

Adquirir más cosas es un proceso maravilloso y gratificante. Aquí tienes algunos sitios por los que puedes empezar:

ETSY
Este es de los buenos. Apoya a artistas de todo el mundo comprando jaboneras de cemento, cocteleras de cobre, tapices de macramé para colgar, desodorante natural y, literalmente, cualquier cosa que la gente pueda hacer con sus propias manos.

LIBRERÍAS
Son estupendas, aunque la lectura no sea lo tuyo, porque, hoy en día, las librerías tienen de todo, desde mamelucos («A mi mamá le encanta Jane Austen») hasta tazas, pasando por velas y cobijas. Por este motivo, son un lugar maravilloso en el que encontrar todo tipo de regalos de cumpleaños de última hora. Compra algún artículo para el hogar relacionado con los libros (sujetalibros en forma de A y Z, por ejemplo), junto con el libro de poesía gatuna más reciente, y demuéstrales a tus amigos cuánto los quieres.

EBAY

En esencia, es como el tianguis de segunda mano más grande del mundo. «Oye, me encanta esta bolsa ligeramente usada. ¿Me la vendes por tres dólares? ¿No? ¿Cuatro? ¿Cinco?» Es una buena forma de pasar toda la jornada laboral: pujando por diversos artículos que necesitas de manera imperiosa al tiempo que respondes uno de cada siete mensajes de correo electrónico del trabajo para que la gente sepa que estás en tu mesa, pero ocupadísima.

TIENDAS ONLINE

La gente es prejuiciosa con estas webs, porque están chingándose el comercio tradicional y a sus trabajadores les pagan dos dólares por hora, sin pausa para ir al baño. Pero las usa porque puede comprar champú, un sofá nuevo de microfibra, comida para el gato, un vestido maxi para ir de crucero y cuatrocientos libros de colorear para adultos y tenerlo todo en casa dos días después. Lo siento por las demás tiendas.

Lista para comprobar tu nivel de desorden

Aquí tienes una lista muy útil que puedes consultar para asegurarte de estar aprovechando al máximo tu potencial para el desorden. Cualquiera de estos elementos, sea en tu casa o en tu lugar de trabajo, demuestra que vas por el camino adecuado.

❏ *Post-it* troquelados en forma de corazón, gato o flecha.

❏ Taza que dice «Mis días tienen el mismo número de segundos que los de Beyoncé».

❏ Póster con la palabra MUÉVETE en impresión tipográfica dorada.

❏ Colgantitos para distinguir las copas de vino.

❏ Terrario.

❏ Teléfono (la planta).

❏ Piedras de una playa que recogiste estando de vacaciones en algún sitio cálido.

❏ Botella de *bourbon* reciclada que usas de jarrón.

- ❑ Cuchillo para queso.

- ❑ Casco de bicicleta.

- ❑ Cuatro vibradores o más.

- ❑ Pistola de agua para rociar a los gatos o hurones cuando se portan mal.

- ❑ Flores secas de tu fiesta de graduación o boda.

- ❑ Una joya que jamás te pondrás, pero que era de algún familiar y tiene valor sentimental.

- ❑ Un alfiler de corbata o hebilla de cinturón que perteneció a tu abuelo.

- ❑ Un plato de porcelana que perteneció a tu abuela.

- ❑ Una muñequita hecha de pelusas de gato.

- ❑ Tacones altos que ya no puedes ponerte por tus problemas de espalda.

- ❑ Un par de zapatos de moda que no te quedan bien y te hacen rozaduras.

- ❑ Más de cuatro libros que no has leído pero que tienes desde hace más de un año.

- ❑ Un radio analógico antiguo.

- ❑ Más de dos cojines decorativos.

- Un objeto de cerámica en forma de casa, tulipán o algo por el estilo.
- Un tanque de cerveza que compraste en Alemania.
- Un vaso de cerveza que robaste en un bar.
- Un bote lleno de monedas sueltas.
- Cómics que sin lugar a dudas te permitirán jubilarte antes de tiempo, cuando los vendas.
- Un cajón dedicado en exclusiva a material de papelería.
- Un adorno navideño de tu infancia.

colección de
guijarros

- Brillo o lápiz labial de temporada (ciruela para el otoño, rojo para el invierno, rosa para la primavera, coral para el verano).
- Un pizarrón o algo decorado con pintura de gis.

❑ Una manualidad hecha con un bote de conservas (bien ahí por tu cuenta de Pinterest).

❑ Más de cuatro controles remotos con un millón de botones que no tienen sentido. ¿No se suponía que a estas alturas todo iba a poder activarse con la voz? El futuro nos ha decepcionado a todos, de verdad.

❑ Un cajón lleno de cables USB y teléfonos celulares.

❑ Un refrigerador cubierto de invitaciones de boda, fotos de bebés y cupones, junto con diez o más imanes de adorno.

❑ Una caja de utensilios de bellas artes llena de lápices de colores, ceras pastel, acuarelas, cuadernos de bocetos y pinceles para tu fase anual de «voy a ser más creativa».

❑ Un juego de pesas de color rojo, turquesa o rosa.

Agradecimientos

Gracias a mi editora, Ann Treistman, y a Sarah Bennett, de The Countryman Press. Gracias a toda la gente de marketing, ventas y publicidad de W. W. Norton. Gracias, alcohol.